TROISIÈME VOYAGE

DU

CAPITAINE COOK

AUTOUR DU MONDE

POITIERS, IMPRIMERIE GÉNÉRALE DE L'OUEST.

PARIS, 103, RUE MONTMARTRE.

LE TROISIÈME VOYAGE

DU

CAPITAINE COOK

AUTOUR DU MONDE

(1776-1780)

RACONTÉ PAR LUI-MÊME

ET PAR LE LIEUTENANT KING

Réduit et annoté par George MANTOUX

PARIS

MAURICE DREYFOUS, ÉDITEUR

13, RUE DU FAUBOURG-MONTMARTRE, 13

APERÇU SUR LE TROISIÈME VOYAGE

DU CAPITAINE COOK

Depuis deux cents ans déjà, l'Angleterre se pré-
occupait de la découverte d'un passage au pôle
nord, lorsqu'en 1776 le roi George III résolut d'armer une expédition qui irait à la recherche de ce
passage.

Ce passage, que l'on cherchait en 1776, n'est
pas autre chose que celui que La Pérouse cherchait à peu près à la même époque, que, dans
des temps plus récents, Franklin cherchait encore,
les uns attaquant le passage par le détroit de

Behring, les autres, au contraire, faisant un circuit autour de la mer polaire, pour sortir à l'extrême orient de la côte asiatique ; c'est ce passage, enfin, que nous connaissons seulement aujourd'hui, grâce à la merveilleuse expédition dirigée par le savant Suédois Adolphe-Éric Nordenskiold. Comme on le voit, dès la fin du siècle dernier, le gouvernement anglais comprenait déjà l'importance très grande qu'il y avait à ne pas laisser improductifs les immenses territoires de la côte sibérienne. On ignorait alors ce que nous avons appris depuis : c'est que, grâce aux très nombreux fleuves qui viennent aboutir à l'océan Glacial, dans un temps plus ou moins prochain un trafic important pourrait s'établir, sinon durant toute l'année, du moins en certaines saisons, entre le territoire de la Russie et le reste du monde.

L'expédition projetée par le roi George III avait pour but spécial de se renseigner d'une façon exacte sur les chances de trafic possible dans ces contrées inconnues. C'est à ces expéditions, si souvent renouvelées par les Anglais, que l'Angleterre doit la plus belle part de sa richesse et de sa puissance coloniale.

De tous les grands navigateurs qui vivaient en ce temps, le plus illustre, celui qui avait donné les preuves les plus complètes d'un savoir et d'un mérite sans égal, c'était assurément James Cook, dont les deux premiers voyages autour du monde avaient été un objet d'admiration universelle. Il fut tout naturellement désigné pour diriger la périlleuse expédition devant aboutir à la découverte de la route qui doit un jour relier les deux continents à travers les latitudes polaires.

Le grand navigateur, jaloux de se reposer de ses fatigues, s'était retiré à l'observatoire de Greenwich, et c'est là qu'il reçut les ordres de l'Amirauté.

Il n'hésita pas un instant à courir une troisième fois le monde, pour rapporter à son pays l'honneur d'une pareille découverte, et c'est au milieu d'un immense enthousiasme que le capitaine Cook fut chargé de conduire les deux bâtiments du roi d'Angleterre, la *Résolution* et la *Découverte*, à la conquête de ce fameux passage.

Ce fut au milieu de ce troisième voyage que le capitaine Cook périt, assassiné par les sauvages, dans une des îles Sandwich, appelée Karakakooa.

La relation de ses découvertes fut achevée, à partir de sa mort tragique, par le capitaine King.

Pour donner un aperçu de la tâche que le grand navigateur avait accepté d'accomplir durant le cours de sa troisième expédition, voici les instructions qui lui avaient été données.

En les lisant, on pourra juger de la grandeur de l'entreprise, dans laquelle le plus illustre des marins anglais devait laisser sa vie.

« De la part des lords commissaires de l'Amirauté de la Grande-Bretagne, de l'Irlande, etc.

» *Instructions secrètes pour le capitaine Cook, commandant le vaisseau de Sa Majesté la Résolution.*

» Le comte de Sandwich nous ayant signifié une résolution de Sa Majesté qui ordonne une expédition pour trouver en mer un passage au nord, de l'océan Pacifique dans l'océan Atlantique, nous avons, en exécution de cet ordre, fait armer et équiper les vaisseaux la *Résolution* et la *Découverte*, et, vos derniers ouvrages nous ayant fait connaître vos talents et votre bonne conduite, nous avons cru devoir vous charger de celui-ci. Nous vous avons nommé commandant du premier des vaisseaux indiqués ci-dessus, et nous avons enjoint au capitaine Clerke, qui commande le second, de suivre vos ordres.

» Nous vous enjoignons de vous rendre tout de suite au cap de Bonne-Espérance, à moins que vous ne jugiez nécessaire de relâcher à Madère, aux îles du Cap-Vert ou aux Canaries, pour y prendre du vin.

» Vous devez, s'il est possible, partir du cap de Bonne-Espérance à la fin d'octobre ou au commencement de novembre prochain, et cingler au sud pour y chercher des îles qu'on dit avoir été vues dernièrement par les Français.

» Vous vous hâterez de gagner O-Taïti et les îles de la Société (en touchant à la Nouvelle-Zélande, si vous le croyez convenable ou nécessaire). A votre arrivée à O-Taïti, vous débarquerez Omaï sur celle de ces terres qu'il choisira, et vous l'y laisserez.

» Quand vous aurez rafraîchi vos équipages, vous quitterez ces îles au milieu de février (1777), et vous vous rendrez, par une route aussi directe que vous le pourrez, à la côte de la Nouvelle-Albion. On vous recommande, en y allant, de ne point perdre de temps à chercher de nouvelles terres et de ne pas vous arrêter sur celles que vous découvrirez, à moins que vous ne soyez forcé de faire du bois et de l'eau.

» Lorsque vous serez sur la côte de la Nouvelle-Albion, vous marcherez au nord, le long de la côte, jusqu'à 65 degrés de latitude. Quand vous serez parvenu au 65ᵉ parallèle, vous examinerez avec soin les rivières ou les entrées de la baie d'Hudson ou de la baie de Baffin, et, si vous entrevoyez la certitude ou même la probabilité de découvrir un passage par mer, vous ferez tous les efforts possibles pour l'effectuer, soit avec un de vos vaisseaux, soit avec l'un des petits bâtiments dont vous avez les charpentes toutes prêtes.

(Suit une longue instruction sur les relations d'amitié à établir avec les étrangers que le capitaine Cook rencontrera, et avec les naturels des pays inconnus.)

» Vous enjoindrez à vos officiers, ainsi qu'à tout l'équipage, de ne pas dire où ils ont été, jusqu'à ce qu'on leur en ait donné la permission.

» Comme, dans les entreprises de cette nature, il survient beaucoup de circonstances imprévues, sur lesquelles il est impossible de donner des instructions particulières, vous agirez alors ainsi que vous le jugerez le plus avantageux au service dont vous êtes chargé.

» S'il arrive un accident à la *Résolution,* vous passerez avec votre équipage sur la *Découverte,* et vous continuerez votre route sur ce vaisseau. Nous enjoignons ici au commandant de vous recevoir sur son bord et de vous obéir, comme si vous montiez encore la *Résolution.*

» En cas qu'une maladie ou une autre cause ne vous permette pas d'exécuter ces instructions, vous aurez soin d'en charger l'officier qui commandera après vous, et auquel nous ordonnons de les exécuter le mieux qu'il lui sera possible.

» Signé par nous, le 6 juillet 1776.

» SANDWICH. — SPENCER. — H. PALLISER.

» Par ordre de Leurs Seigneuries,

» PH. STEPHEN. »

Cook partit donc, ayant sous ses ordres le capitaine Clerke, les lieutenants Gore, King et Williamson.

A la mort de Cook, le capitaine Clerke prit le commandement de la *Résolution*, le lieutenant Gore passa capitaine de la *Découverte*, et le lieutenant King se chargea de continuer la relation du capitaine Cook, jusqu'au retour de l'expédition en Angleterre.

G. M.

TROISIÈME VOYAGE DU CAPITAINE COOK

AUTOUR DU MONDE

CHAPITRE PREMIER.

Préparatifs du voyage. — Disposition d'Omaï au moment où il s'embarqua. — Emploi de notre temps à Plymouth. — Départ. — Relâche à Ténériffe. — La rade de Sainte-Croix. — Danger que court le vaisseau près de Bonavista. — Position de la côte du Brésil. — Arrivée au cap de Bonne-Espérance. — (Février-novembre 1776.)

Je reçus, le 9 février, la commission qui me nommait commandant de la corvette de Sa Majesté, la *Résolution*. L'Amirauté acheta en même temps la *Découverte*, vaisseau de 300 tonneaux, et en donna le commandement au capitaine Clerke, qui avait été mon second lieutenant durant mon second voyage autour du monde. Les deux vaisseaux étaient alors au chantier de Deptford.

Le 9 mars, ils passèrent dans la Tamise. Nous achevâmes le gréement, et nous embarquâmes les munitions, les provisions nécessaires à un si long voyage. Nous prîmes à bord un taureau, deux vaches avec leurs veaux, des moutons et des fourrages pour leur subsistance. On me combla d'objets de première utilité, de présents à faire aux peuplades que nous allions visiter, de grains de verre, d'instruments de fer, de miroirs, etc.

Le Bureau des longitudes m'accorda plusieurs instruments d'astronomie et de marine. M. King et moi nous nous chargeâmes de suppléer l'observateur de profession qu'on voulait d'abord nous adjoindre.

M. Anderson, le chirurgien qui m'avait déjà donné un si précieux concours dans mon second voyage, fut chargé d'examiner l'histoire naturelle des pays que nous visiterions. Plusieurs jeunes gens furent chargés de dresser des cartes, de prendre des vues des côtes, et enfin M. Webber fut engagé par l'Amirauté pour dessiner les scènes, les épisodes, les sites, les animaux, suppléer enfin à l'imperfection d'une relation écrite.

Le roi voulut profiter de ce voyage, la seule occasion qui se présentât de longtemps peut-être, pour rendre Omaï à son pays natal. Nous devions toucher à O-Taïti et aux îles de la Société. J'emmenai Omaï à mon bord. Il partit de Londres comblé de présents de toute sorte. Je crus qu'il allait regretter l'Angleterre. Il fut en effet fort ému et eut peine à retenir ses larmes. Mais quand on lui parla de sa patrie et de ce retour immédiat, ses yeux étincelèrent. La joie qu'il avait de revoir ses amis était cependant beaucoup moindre que la satisfaction de pouvoir briller auprès de ses compatriotes, en leur contant les merveilles du voyage qu'il avait si courageusement entrepris et d'où sûrement les O-Taïtiens ne supposaient pas qu'il dût jamais revenir.

Les préparatifs nous prirent quelque temps, et le 30 juin nous fûmes en rade de Plymouth. La *Résolution* et la *Découverte* étaient prêtes à partir. Le 6 juillet, je reçus par un courrier mes instructions secrètes, et, après avoir attendu un vent favorable, nous appareillâmes le soir avec une jolie brise du nord-ouest.

La *Résolution* comprenait en tout, officiers, équipage et troupe, 112 personnes. Les soldats étaient au nombre de 15, commandés par un lieutenant, un sergent, deux caporaux, et accompagnés d'un tambour. La *Découverte* avait à bord, en tout, 88 personnes, dont 10 soldats et un sergent.

Du 12 au 19, nous eûmes des vents changeants, tantôt de l'ouest, tantôt du sud. Par le travers d'Ouessant nous aperçûmes neuf grands vaisseaux, que nous supposâmes être des vaisseaux de ligne français ; ils ne firent aucune attention à nous, et nous continuâmes paisiblement notre route.

Nous dépassâmes le cap Ortegal le 22, le cap Finistère le 24, et le 30 j'observai avec un télescope de nuit la lune totalement éclipsée. Nous ne pûmes guère faire d'observation sur cette éclipse, à cause des nuages qui vinrent cacher la lune presque pendant toute sa durée.

Voyant que nous n'avions pas assez de foin et de graines jusqu'au Cap, je résolus de relâcher à Ténériffe plutôt qu'à Madère. Le 1ᵉʳ août nous doublâmes la pointe de Ténériffe pour mouiller, à 8 heures du matin, dans la rade de Sainte-Croix, par vingt-trois brasses.

Nous trouvâmes dans cette rade une frégate française, la *Boussole*, commandée par le chevalier de Borda, deux brigantins français également, un brigantin anglais qui allait au Sénégal, et quatorze bâtiments espagnols.

Le gouverneur fut très affable et m'autorisa à acheter tout ce qui m'était nécessaire. D'après les acquisitions que nous fîmes, je pense que les vaisseaux qui entreprennent de longs voyages doivent préférer la relâche de Ténériffe à celle de Madère, par cette raison que tout est de beaucoup meilleur marché dans la première île que dans la seconde.

Le chevalier de Borda, de concert avec M. Varila, astronome espagnol, faisait des observations pour déterminer le mouvement journalier des deux garde-temps qu'ils avaient à bord. Ils voulurent bien m'admettre à partager leurs études, mais notre séjour fut si court que je n'en tirai pas grand profit. M. Anderson fit rapidement une notice sur ce qu'il avait étudié dans l'île, quant aux productions, aux aspects, aux conversations qu'il eut avec des habitants. Il me remit cette notice, que je joignis à ma relation, et le 4 nous continuâmes notre route avec un bon vent du nord-est.

Au bout de six jours nous vîmes, à 9 heures du soir, l'île de Bonavista dans le sud, à plus d'une lieue. Nous croyions en être beaucoup plus éloignés, et peu s'en fallut que le vaisseau portât sur les brisants couverts qui gisent à la pointe sud-est de cette île. Le 13

nous abordâmes aux îles du cap Vert pour voir si la
Découverte n'y était point arrivée. Nous n'y trouvâmes
que deux navires hollandais et un petit brigantin, et
nous reprîmes notre route. Je craignis un instant, avec
le vent du sud-est qui soufflait, de tomber sur les côtes
du Brésil, mais je reconnus que mes craintes étaient
mal fondées. Cependant, par suite des vents qui soufflè-
rent durant quelques jours, nous dûmes passer à vingt
ou trente lieues du continent d'Amérique. Mais nous
n'avions point de sondes et aucun indice n'annonçait de
terre.

Nous vîmes, durant la traversée, des albatros, des
damiers. Le 8 octobre, un oiseau qui ne s'éloigne guère
de la terre, le noddie, se posa sur nos agrès. Nous
vîmes souvent aussi, durant la nuit, ces animaux marins qui jettent de la lumière et dont j'ai parlé dans mon
premier voyage. Le 17 nous découvrîmes le cap de
Bonne-Espérance, et le 18 nous mouillâmes dans la baie
de la Table par quatre brasses.

Nous saluâmes la place de 13 coups de canon ; on me
rendit le salut avec le même nombre de coups. Je descendis avec mes officiers à terre, et le gouverneur se
montra empressé, et très désireux de nous prouver
toutes les facilités désirables pour notre ravitaillement.
Je m'entendis avec plusieurs marchands. On fit paître
nos petits troupeaux aux environs d'un camp que nous
installâmes le 21. Puis les voiliers et les charpentiers
se mirent à la besogne pour réparer de menues avaries·

survenues pendant la traversée. Le 26, un vaisseau français qui allait en Europe appareilla. Nous lui remîmes nos lettres pour l'Amirauté. Le 31 nous eûmes un ouragan terrible dans la baie. La *Résolution* fut le seul navire qui ne chassa point sur ses ancres, mais nos travaux astronomiques souffrirent de la tempête, car nos tentes et notre petit observatoire furent mis en pièces.

Le 10 novembre, nous vîmes arriver la *Découverte*. Le capitaine Clerke me dit qu'il avait quitté Plymouth le 10 août, et qu'il serait arrivé dix jours plus tôt sans l'ouragan qu'il venait d'essuyer au large et qui l'avait forcé de s'éloigner de la côte. Une nuit nos moutons nous furent volés par des malfaiteurs. Le lieutenant-gouverneur voulut réparer la perte que j'avais faite et m'offrit un des béliers d'Espagne qu'il avait acclimatés au Cap.

M. Anderson, pendant que nous réparions les vaisseaux, visitait les environs avec quelques-uns de nos officiers. Il ne manqua pas de me donner une relation détaillée de leur petit voyage. Suivant ma coutume, je la joignis à mes notes de chaque jour.

CHAPITRE II.

Le 30 novembre, je remis au capitaine Clerke une copie de mes instructions secrètes, pour le cas où les vaisseaux viendraient à se séparer, et le soir même nous sortîmes de la baie. Nous eûmes un fort ouragan à essuyer. De plus, à mesure que nous avancions au sud, le froid commençait à être plus rigoureux. Nous vîmes, le 12 décembre à midi, les îles de Marion et de Crozet, découvertes en 1772 par ces deux capitaines français. Comme elles n'ont point encore porté ces noms sur aucune carte, je les fixai sur la mienne en ajoutant le nom du Prince-Édouard à deux îles que nous vîmes près de là, et qui ne furent vraisemblablement point aperçues par les précédents navigateurs, quoiqu'elles fissent partie du même groupe.

Le temps était mauvais, froid, pluvieux. Je fis route au sud pour trouver la latitude de la terre découverte par M. de Kerguélen, et que mes instructions m'enjoignaient de relever (1).

Le 24, la brume qui nous enveloppait depuis deux jours s'éclaircit peu à peu, et nous vîmes une terre dans le sud-sud-est. Lorsque nous en fûmes plus près, nous reconnûmes une île d'une hauteur considérable, et d'environ trois lieues de tour. Nous en vîmes bientôt quatre autres. La brume nous empêcha de relever la dernière, mais le 24 nous la découvrîmes commodément. Elle semblait être le promontoire d'une terre très étendue. Nous fîmes des sondages et nous trouvâmes bientôt un bon havre. Le lendemain matin, nous levâmes l'ancre pour nous avancer dans le havre jusqu'à un quart de mille et nous y attendîmes la *Découverte*, qui arriva l'après-midi. La Terre de Kerguélen nous parut peuplée d'oiseaux innombrables. Mais ce furent les seuls comestibles que nous y trouvâmes.

Le 27, je permis à nos matelots, qui avaient travaillé les deux jours précédents à remplir nos futailles, de célébrer la fête de Noël. La plupart d'entre eux descendirent à terre, mais ils n'y rencontrèrent ni habitants, ni êtres vivants autres que les oiseaux dont j'ai parlé. L'un de mes hommes me rapporta le soir une

(1) En effet, *V.* ces instructions dans la Préface : « Vous cher-
» cherez d'abord quelques îles qu'on dit avoir été vues par les Fran-
» çais, etc. »

bouteille qu'il avait trouvée attachée avec un fil d'archal sur un rocher qui s'avance en saillie au côté nord du havre. Cette bouteille renfermait un morceau de parchemin sur lequel on lisait l'inscription suivante :

LUDOVICO XV, GALLIARUM REGE

ET D. DE BOYNES REGI A SECRETIS AD RES MARITIMAS
ANNIS 1772 ET 1773.

Cette inscription démontrait clairement que (1) d'autres navigateurs avaient abordé dans ce havre avant nous. J'écrivis de l'autre côté du parchemin :

NAVES RESOLUTION ET DISCOVERY
DE REGE MAGNÆ BRITANNIÆ
DECEMBRIS 1776.

Je le remis dans la bouteille, que je plaçai le lendemain au milieu d'un monceau de pierres très visible au nord du havre. J'y arborai le pavillon de la Grande-Bretagne et je donnai le nom de Havre-de-Noël au lieu où mouillaient nos vaisseaux.

Nous employâmes les derniers jours de l'année à reconnaître la Terre de Kerguélen. Une brume épaisse nous rendait parfois cette opération difficile. Nous trouvâmes un cap que j'ai appelé cap Cumberland, puis

(1) Cette bouteille fut laissée en effet par M. de Rochegude, officier de M. de Kerguélen, qui découvrit cette terre le 14 décembre 1773, sur la frégate française l'*Oiseau*.

une île qui ressemble assez à une guérite et à laquelle je donnai ce nom, puis une baie que j'appelai la baie Blanche, à cause des rochers blancs qu'on y découvre. Je dénommai de même l'anse des Pingouins, le port Palliser, le mont Campbell, la pointe Charlotte, le cap Georges, et une infinité de points que j'examinai du mieux qu'il fut possible. Les navigateurs français avaient pensé d'abord que cette terre était le prolongement d'un continent austral. Je crois avoir prouvé que c'est une île, et qu'elle a peu d'étendue. J'aurais pu, d'après sa stérilité, lui donner fort convenablement le nom d'île de la Désolation ; mais, pour ne pas ôter à M. de Kerguélen la gloire de l'avoir découverte, je l'ai appelée la Terre de Kerguélen.

M. Anderson fit des remarques intéressantes sur la végétation vraiment pitoyable de cette île, mais il ne put trouver trace d'un minerai ou d'un métal.

Après avoir quitté la Terre de Kerguélen, je mis le cap à l'est-nord-est. Je voulais, d'après les instructions de l'amirauté, relâcher à la Nouvelle-Zélande. Mais, dès le 1er janvier de l'année nouvelle (1777), c'est-à-dire le lendemain du jour où nous reprîmes la mer, une brume épaisse nous enveloppa. Elle dura des journées et des nuits entières, et nous dûmes faire au moins trois cents lieues dans les ténèbres. J'envoyai un canot au capitaine Clerke et je lui assignai comme lieu de rendez-vous, en cas de séparation forcée, la baie de l'*Endeavour* sur la Terre Van-Diemen.

Ce fut le 24, à 3 heures du matin, que nous découvrîmes dans le nord-ouest la Terre Van-Diemen. Nous mouillâmes à 4 heures du soir dans la baie de l'*Endeavour*. Nous descendîmes à terre, le capitaine Clerke et moi, pour trouver un endroit propice aux provisions d'eau, de bois et de fourrages pour nos bestiaux. Le lendemain notre équipage travailla toute la journée ; nous ne vîmes dès ce moment que deux colonnes de fumée, qui nous apprirent que les naturels n'étaient pas loin.

Le 28, ils vinrent nous visiter. C'étaient des hommes de haute stature, à l'air doux et confiant. Ils portaient la barbe teinte en rouge et leur peau était recouverte d'un enduit pareil. Ils reçurent nos présents sans y attacher la moindre importance. Ils jetèrent presque tout ce que nous leur donnâmes, et les oiseaux seuls leur parurent de nature à captiver leur attention. Ils nous firent comprendre qu'ils aimaient beaucoup à les manger. Je leur donnai deux cochons qu'ils s'apprêtèrent à tuer, et aussitôt, quelqu'un ayant déchargé son fusil en l'air, ils s'enfuirent avec de grands gestes de terreur. Ces peuplades ne se nourrissent que de moules, de pétoncles et d'algues marines. Il est assez incroyable que des insulaires vivent ainsi au bord de la mer sans avoir des pirogues, des instruments de guerre ou de pêche. Nous ne trouvâmes trace d'aucune de ces choses chez les habitants de la Terre Van-Diemen.

L'esquisse de la Terre de Van-Diemen, faite par le capitaine Furneaux et insérée dans mon Second Voyage, ne me paraît pas contenir d'erreur essentielle. Avant nous, je parle de mon troisième voyage, on avait abordé deux fois à la Terre Van-Diemen. Elle reçut le nom de Tasmanie, de Tasman qui la découvrit en novembre 1642. Elle n'a vu aucun navigateur européen jusqu'au mois de mars 1773, près d'un siècle et demi plus tard, époque à laquelle le capitaine Furneaux y toucha. Je n'ai pas besoin de dire que c'est la pointe la plus méridionale de la Nouvelle-Hollande et qu'elle forme non un continent, mais la plus grande île du monde connu.

Le 30 janvier, nous sortîmes de la baie de l'*Endeavour*. Peu de temps après nous eûmes tempête. Vers le milieu de la nuit du 6 au 7 février, un soldat de la *Découverte* tomba à la mer et on ne le revit plus. C'était le second accident de ce genre qui arrivait au capitaine Clerke depuis son départ d'Angleterre.

Le 10, nous aperçûmes la terre de la Nouvelle-Zélande, et nous jetâmes l'ancre, le 12, après avoir longé l'île Stephens, dans le canal de la Reine-Charlotte, à l'endroit ou nous avions mouillé lors de mon premier voyage. Je ne voulais pas perdre de temps et on commença le jour même à débarquer les futailles vides. On établit deux observatoires et les tentes pour les sentinelles.

Plusieurs pirogues nous approchèrent; mais les naturels n'osèrent venir à bord. J'en fus d'autant plus étonné qu'ils me connaissaient tous. Ils supposaient, sans doute, que je venais pour venger la mort du capitaine Furneaux et des matelots qu'ils avaient massacrés.

Omaï me persuada dans cette opinion. Il leur parla longuement et les éclaira, en ajoutant que nous ne leur ferions point de mal, ce qui parut les surprendre beaucoup.

On équipa les tentes. J'y fis faire bonne garde, car il fallait se défier des Zélandais, après les tristes scènes de carnage auxquelles ils s'étaient livrés. Mais ils furent bientôt convaincus que nous ne voulions leur faire aucun mal. Il en vint un grand nombre autour de nos tentes, et beaucoup d'entre eux m'excitèrent à tuer un chef nommé Kahoowa, qui avait dirigé le massacre du détachement du capitaine Furneaux. Il avait lui-même, paraît-il, tué M. Rowe. Les naturels s'étonnèrent fort que je ne me fusse point rendu immédiatement à leur instance, car ils détestaient ou craignaient Kahoowa.

Le 16, à la pointe du jour, nous allâmes avec cinq canots reconnaître les endroits commodes pour y cueillir du fourrage ; en revenant au vaisseau, je voulus revoir l'anse de l'Herbe, où les gens du capitaine Furneaux avaient été massacrés.

J'y rencontrai mon vieil ami Pedro, qui ne m'avait presque pas quitté lors de mon dernier séjour dans le Canal.

Par l'intermédiaire d'Omaï, nous demandâmes à Pedro et à ses amis des détails sur la mort de nos malheureux compatriotes. Ils nous répondirent sans réserve et comme des hommes qui se sentent bien innocents.

Ils racontèrent que l'équipage était en train de dîner sur l'herbe, lorsque le nègre du capitaine Furneaux, qui gardait le canot, frappa deux naturels surpris en flagrant délit de vol. L'un d'eux riposta et frappa le nègre ; les matelots irrités tuèrent deux Zélandais à coups de fusil. Excitée par Kahoowa, la peuplade tout entière, qui couvrait le rivage, se précipita sur les marins et les extermina grâce au nombre. La plupart des naturels confirmèrent cette version, et il est probable qu'elle est exacte. Le nègre et les voleurs zélandais furent cause de tout.

Kahoowa, d'ailleurs, nous confirma ces détails quelques jours après. J'eus bien du mal à le décider à venir près de moi. Quand il vit que je ne voulais pas le tuer, il consentit à me donner les détails du massacre, et ils furent à peu près ceux qu'avait racontés Pedro sur le bord de l'anse de l'Herbe.

Comme nous devions toucher aux îles de la Société, j'eus l'idée d'y transporter un ou deux insulaires de la Nouvelle-Zélande. Je trouvai un passager prompt à accepter cette proposition. Ce fut un Zélandais du nom de Taweiharooa. Il fit ses arrangements avec Omaï, qui lui parla de la terre natale, et ne parut nullement affecté d'abandonner sa patrie. Ces tribus sont dans des transes perpétuelles, et c'en est bien une preuve que le peu de souci que montrent les individus en s'éloignant de leur île.

Taweiharooa emmena avec lui une manière de domestique, qui était tout jeune et fort intelligent. Je lui demandai un jour pourquoi il ne voulait pas, par extraordinaire, s'asseoir avec nos gens et manger. Il me répondit que c'était parce qu'on lui avait coupé les cheveux. Il y avait là une croyance religieuse que nous ne pûmes jamais déraciner, ni expliquer du reste.

J'eus le loisir d'examiner les Zélandais pendant notre relâche et je recueillis certaines particularités de leur vie qui me paraissent intéressantes. Ils sont très ardents dans les combats et mangent la chair de leurs ennemis tués à la bataille. Le désir de cet abominable repas est peut-être la cause de leur bravoure ; peut-être aussi la crainte d'être dévorés leur fait-elle défendre courageusement leur vie.

On m'a dit qu'ils attendent quelquefois des années un moment favorable, mais que le fils n'oublie jamais l'injure faite à son père. Ils se glissent la nuit dans la hutte de leurs ennemis et égorgent ou assomment le plus qu'ils peuvent, sans épargner les femmes ni les enfants. Lorsque le massacre est achevé, ils mangent les vaincus sur le lieu même où s'est passée la boucherie, ou ils emportent autant de cadavres qu'ils le peuvent faire et s'en régalent ensuite chez eux avec une brutalité trop dégoûtante pour le décrire ici. Ils ne connaissent point, en cas de lutte, cette modération qui donne quartier ou qui fait des captifs, en sorte que les vaincus n'ont même pas à songer à se rendre, il ne leur reste que la défaite.

Cet état perpétuel de guerre et cette manière de la conduire, si destructive de la population, les rendent très attentifs, et il est rare de rencontrer, le jour ou la nuit, un Zélandais qui ne soit pas sur ses gardes.

Il est impossible de rien ajouter aux motifs qui excitent leur vigilance : la conservation de leur vie et leur bonheur dans l'autre monde en dépendent ; car, selon leur système religieux, l'âme de l'homme dont le corps est mangé par l'ennemi est condamnée à un feu éternel, tandis que toutes les autres âmes vont habiter avec les Dieux.

Je leur demandai s'ils mangeaient ceux de leurs amis qui étaient tués à la guerre, mais dont les corps ne tombaient pas au pouvoir de l'ennemi. Ils témoignèrent de l'horreur pour l'idée que présentait ma question. Ils enterrent communément leurs morts ; mais s'ils ont tué plus d'ennemis qu'ils ne peuvent en manger, ils les jettent à la mer.

Les Zélandais semblent satisfaits du peu de connaissances qu'ils possèdent ; ils n'essaient en aucune manière de les étendre, et leurs observations ou leurs recherches annoncent un esprit peu curieux. Les objets nouveaux ne leur inspirent pas ce degré de surprise qu'il serait naturel d'imaginer, et leur attention n'est jamais fixée un moment. Ils entouraient, il est vrai, quelquefois

Omaï; mais ils ne le questionnaient point. Ils écoutaient ses discours sans les comprendre, et comme des gens qui d'ailleurs ne se soucient point de comprendre ce qu'on leur dit.

Je demandai un jour à Taweiharooa combien de vaisseaux pareils aux nôtres avaient abordé au canal de la Reine-Charlotte ou aux environs. Il me répondit qu'avant l'*Endeavour* un seul navire avait abordé sur ces côtes. Nous ne pûmes jamais en tirer aucun détail, et je ne sais encore de quel navigateur il a voulu nous parler.

Telles sont les quelques remarques que j'ai faites à nouveau sur ce pays. J'en ai donné d'ailleurs, dans mes deux premières relations, un aperçu assez détaillé. Je laissai à M. Anderson le soin de dresser une longue étude sur les habitants, leurs coutumes, leur langue. Le 25 février, après quinze jours de mouillage au canal de la Reine-Charlotte, nous quittâmes la Nouvelle-Zélande. La *Découverte* appareilla en même temps, et nous sortîmes du détroit en marchant à l'est-nord-est, par une jolie brise.

CHAPITRE III.

Nos deux Zélandais commencèrent par avoir le mal de mer, ce qui les plongea dans une vive douleur. Ils se prirent à regretter leur patrie dans une espéce de chanson dont nous ne comprîmes pas très bien le sens, mais dont nous devinâmes les allusions. Puis, le mal de mer se calmant, leur douleur se calma de même. Ils oublièrent peu à peu la Nouvelle-Zélande et leurs amis.

Le 29, la *Découverte* m'avertit par un signal qu'on voyait une terre ; nous l'aperçûmes du haut des mâts. En effet, en nous approchant, nous reconnûmes une île, mais des récifs escarpés la défendaient. Nous ne pûmes débarquer.

Un grand nombre de naturels armés se tenaient sur le rivage. Ils se mirent à nager vers le vaisseau, mais inutilement. Nous ne ralentîmes la marche que lorsque nous pûmes approcher de la côte. Alors une pirogue vint vers nous. Mais les deux naturels qui la montaient n'osèrent prendre le cordage de la *Résolution* et venir à bord. Omaï leur parla la langue d'O-Taïti. Ils comprirent et ne se firent plus prier pour approcher très près du navire. Ils nous firent savoir qu'on les avait chargés de demander le nom du capitaine de ce vaisseau, et que leur chef se nommait Orooaeeka.

J'appris aussi que leur île se nommait Mangeea ou Mangya.

L'un d'eux, qui s'appelait Mourooa, avait de l'embonpoint, mais il n'était pas grand. Son camarade était, comme lui, plein de franchise et de bonhomie. Ils étaient vêtus comme la plupart des insulaires de l'Océanie, et portaient aux pieds des espèces de sandales, sans doute pour se garantir des rochers de corail. La pirogue sur laquelle ils arrivèrent (ce fut la seule que nous vîmes) n'avait pas plus de dix pieds de long ; elle était très étroite et proprement faite.

Nous eûmes de la peine à trouver un mouillage, et, pendant que nos canots cherchaient un endroit propice, les naturels arrivèrent en foule sur le récif, armés comme ceux que nous avions vus tout d'abord.

Mourooa, qui était dans le canot, crut qu'ils empêcheraient le débarquement. Il leur ordonna de se retirer. Quelques-uns obéirent. Mais les autres se jetèrent à la nage et vinrent au canot, dans lequel ils enjambèrent sans demander de permission, faisant main basse sur tout ce qu'ils trouvèrent sous leur main.

Quand ils virent que le canot retournait au vaisseau, ils disparurent tous, à l'exception de Mourooa, qui revint, non sans quelque inquiétude, à bord de la *Résolution*. Nous comprîmes que Mourooa avait une certaine autorité sur ses compatriotes et qu'il était le frère du roi.

A bord, tous les animaux qu'il y vit ne le surprirent pas tant que nous ne l'eussions cru. Les inquiétudes absorbaient peut-être son attention.

Quand il sortit de ma chambre, il tomba sur une chèvre et demanda quel oiseau c'était, et, comme on ne lui répondait pas tout de suite, il le demanda à quelques-uns des matelots.

Je fis mettre un canot à la mer pour le reconduire dans son île, et, lorsqu'il ne fut plus qu'à quelques brassées du rivage, il se jeta à la mer, et gagna la côte à la nage. Dès qu'il fut à terre, ses compatriotes se rassemblèrent autour de lui ; nous jugeâmes qu'ils étaient fort empressés de l'entendre. Ils l'environnaient encore quand nous les perdîmes de vue.

Le 4 avril, nous arrivâmes devant une île, appelée Otakootaia ; les insulaires nous en parlèrent quelquefois sous le nom de Wenooa-ette, ce qui signifie petite île.

Après avoir visité cette île, nous remîmes à la voile et je marchai de nouveau au nord, afin d'essayer de descendre à l'île d'Hervey, que j'ai découverte en 1773 durant mon second voyage.

Le 6, à la pointe du jour, nous l'aperçûmes, et à 8 heures du soir nous en étions assez près.

A mesure que nous avancions sur l'île, les pirogues nous environnaient. Omaï eut bien de la peine à les déterminer à venir à la hanche de la *Résolution*, mais tout ce qu'il fit pour les attirer demeura inutile. Leur maintien farouche n'annonçait rien de bon, et de fait, nous apprîmes ensuite qu'ils avaient voulu voler la rame d'un de nos canots et frappé le matelot qui s'opposait à leurs desseins. Ils coupèrent de plus, avec une coquille, un filet rempli de viande qui pendait à l'arrière du vaisseau de M. Clerke, refusèrent opiniâtrément de le rendre, de sorte que nous fûmes obligés de leur en payer la valeur.

Le vent étant très faible, nous n'atteignîmes qu'à une heure la bande nord-ouest de l'île, la seule portion de l'île où nous espérions mouiller. J'ordonnai au capitaine King de prendre deux canots armés et d'aller à la découverte, tandis que les vaisseaux courraient des bordées. Dès que les canots furent à la mer, les pirogues qui nous entouraient cessèrent leur trafic, elles regagnèrent l'île et ne reparurent plus.

Les canots furent de retour à 3 heures, et M. King m'informa qu'il avait vu les Indiens se rassembler sur le rivage, armés de longues piques et de massues, comme pour s'opposer à notre débarquement.

D'après ces détails je jugeai donc que le mouillage était impossible et je résolus de gagner les îles des Amis, où j'étais sûr de trouver en abondance tous les vivres et approvisionnements qui m'étaient nécessaires ; et, comme il fallait marcher la nuit ainsi que le jour, j'ordonnai au capitaine Clerke de se tenir une lieue en avant de la *Résolution* : nous pouvions rencontrer des terres durant la traversée, et je pris cette précaution parce que son vaisseau était plus propre que le mien à l'attaque d'une côte.

Au moment où je m'éloignai de l'île d'Hervey, je pensai que si le vent était favorable, nous aurions assez de provisions pour le bétail jusqu'à notre arrivée de cette terre. Mais le lendemain la brise cessa et je fus obligé de cingler vers le nord pour atteindre l'île Palmerston et l'île Sauvage, découvertes en 1774 dans mon second voyage. Pour ménager mon eau, je me servis de la machine à distiller, et arrivai à me procurer quelques gallons d'eau douce.

Le 13, à la pointe du jour, nous vîmes l'île Palmerston, mais nous ne l'atteignîmes que le lendemain à huit heures. Je fis alors mettre à la mer quatre canots commandés chacun par un officier, trois de la *Résolution* et un de la *Découverte*, et leur ordonnai de chercher l'endroit le plus favorable au débarquement. Notre bétail était sur le point de mourir de faim, et je me voyais forcé de tirer de cette île quelques herbages.

L'île Palmerston renferme neuf ou dix îlots placés en cercle et réunis par un récif de rochers de corail, et, pendant que les canots examinaient les îlots, je donnai l'ordre de louvoyer.

L'une des embarcations revint, à une heure, chargée

de cochléaria et de jeunes cocotiers que notre bétail mangea avec avidité. Il m'apporta un message de M. Gore qui commandait le détachement. Cet officier m'informa qu'il y avait dans l'île beaucoup de cochléaria, de palmiers et quelques noix de coco. Je résolus de prendre un supplément considérable de ces articles, et l'après dîner je me rendis à terre avec le capitaine Clerke.

Nous trouvâmes tous nos gens occupés au travail. Ils avaient déniché des nids d'oiseaux, et en avaient tué une quantité d'autres, dont la chair était peu délicate, mais que nous trouvâmes fort bonne, réduits que nous étions depuis si longtemps à la viande salée. Nous rencontrâmes aussi une multitude de crabes rouges qui rampaient au milieu des arbres, et nous prîmes plusieurs poissons, que la mer, en se retirant, avait laissés dans des trous sur le récif.

Les canots chargés, je revins à bord, et le lendemain se passa également à faire des provisions de toutes sortes. M. Gore cueillit et envoya aux deux vaisseaux du fourrage pour le bétail, et nous procura des noix de coco et des choux palmistes.

Omaï ne resta pas inactif, et en peu de temps prit assez de poisson pour donner à dîner au détachement et en envoyer aux deux vaisseaux.

Notre approvisionnement terminé, nos embarcations revinrent, et nous fîmes voile à l'ouest à l'aide d'un léger souffle de vent du nord.

Après avoir quitté l'île Palmerston, je mis le cap à l'ouest, afin d'arriver promptement à Annamooka. Les vents continuèrent à être variables et ils se tinrent souvent entre le nord et l'ouest. Nous eûmes des rafales, du tonnerre et beaucoup de pluie.

Ces pluies, en général très abondantes, nous procurèrent une quantité considérable d'eau douce. Voyant qu'une pluie d'une heure nous en donnait davantage qu'une distillation prolongée durant un mois, je fis jeter de côté la machine à dessaler, comme une chose plus incommode qu'utile.

La chaleur, qui était grande depuis environ un mois, devint fort désagréable par ce temps pluvieux. On ne pouvait ni tenir les vaisseaux à sec, ni ouvrir les écoutilles, et l'humidité m'effrayait pour la santé de l'équipage. Il faut observer que, depuis notre départ du cap de Bonne-Espérance, nous n'avions pris de rafraîchissements qu'à la Nouvelle-Zélande, et que, malgré les nourritures salées et les vicissitudes du climat, je n'avais pas un seul malade.

La nuit du 24 au 25, nous dépassâmes l'île Sauvage, et le 28, à 10 heures, nous aperçûmes à quatre ou cinq lieues les îles qui avoisinent le côté est d'Annamooka. Le temps était orageux ; il tombait de la pluie, et je mouillai le soir par quinze brasses, fond de sable et de corail.

CHAPITRE IV.

Après m'être arrêté à Komango le temps de faire les
approvisionnements, je gouvernai sur Annamooka. La
nuit fut très sombre, le vent souffla de tous les points
du compas et fut accompagné de beaucoup de pluie.
Le lendemain soir, après avoir serré le vent toute la
journée et lutté inutilement, nous mouillâmes à Annamooka.

Le 1er mai, à 4 heures du matin, je fis mettre un
canot à la mer, et j'ordonnai au *master* d'aller sonder
la bande ouest d'Annamooka, et d'aller reconnaître un
havre formé par l'île.

Le havre reconnu commode, nous y arrivâmes, et
bientôt nous fûmes environnés par une multitude de
pirogues qui nous apportèrent les diverses productions
de leur île. Quelques-unes étaient doubles et munies
d'une grande voile, et celles-ci avaient à bord quarante
à cinquante hommes chacune. Nous y vîmes plusieurs

femmes, que la curiosité amena peut-être. Elles maniaient la pagaie comme les hommes et avec la même dextérité, et paraissaient aussi empressées qu'eux à faire des échanges.

Le lendemain, pendant qu'on faisait l'eau, je descendis avec le capitaine Clerke et quelques officiers, afin de choisir et désigner le lieu où l'on établirait l'observation et la garde.

Les naturels nous avaient permis de bon cœur de choisir l'emplacement ; ils nous accordèrent aussi une remise de pirogues pour nous tenir lieu de tente, et ils nous reçurent de la manière la plus aimable. Toobou, le chef de l'île, nous mena, Omaï et moi, à la maison, située dans un lieu charmant ; un joli gazon l'environnait, et Toobou me dit qu'il avait fait planter ce gazon pour nettoyer les pieds de ceux qui entraient chez lui. Ce détail de propreté, je ne l'ai jamais remarqué qu'aux îles des Amis.

Le plancher de la maison de Toobou était couvert de nattes, et je jugeai que les tapis des salons anglais les plus élégants ne sont pas plus propres. Tandis que j'étais à terre, j'achetai un petit nombre de cochons et de fruits, et, en arrivant à bord, je vis les vaisseaux remplis de naturels. Ils n'étaient pas venus les mains vides, et nous avions des rafraîchissements dans la plus grande abondance. L'après-dîner je redescendis de nouveau avec un détachement de soldats de marine, les chevaux et ceux de nos quadrupèdes qui étaient malades.

Tout étant disposé à ma satisfaction, je retournai au vaisseau ; au coucher du soleil, je chargeai M. King de commander à terre. Taïpa, qui était devenu notre intime ami, et qui n'épargnait ni ses peines ni ses soins pour rendre notre séjour plus agréable, voulut se tenir auprès de notre détachement, la nuit ainsi que le jour ; sa maison fut apportée sur les épaules d'un homme, l'espace d'un bon quart de mille, et il l'établit près de la remise qu'occupait ma petite troupe.

Quelques jours après, nous reçûmes la visite d'un chef de Tongataboo, qui se nommait Feenou, et que Taïpa me présenta comme le roi de toutes les îles des Amis. J'appris alors qu'immédiatement après mon arrivée on avait envoyé une pirogue à Tongataboo, et que ce chef s'était rendu tout de suite à Annamooka. L'officier qui commandait sur la côte me dit qu'au moment où le chef étranger descendit, tous les insulaires eurent l'ordre d'aller à sa rencontre, et que, pour lui témoigner sa soumission, ils se prosternèrent devant lui jusqu'à terre et qu'ils lui touchèrent la plante des pieds avec la paume et le revers de leur main. Il paraissait clair qu'un homme accueilli d'une manière aussi respectueuse était véritablement le roi.

Je reçus bientôt de ce grand personnage un présent de deux poissons que m'apporta un de ses domestiques, et j'allai lui faire une visite l'après-dîner. Il s'approcha de moi, dès qu'il me vit à terre. Il paraissait âgé d'environ trente ans ; il était grand, mais d'une taille mince, et je n'ai pas rencontré sur ces îles une physionomie qui ressemblât davantage à la physionomie des Européens. Je lui demandai, après les premières salutations, s'il était le roi, car, ne le reconnaissant pas pour celui que j'avais vu dans mon second voyage, je commençais à avoir des doutes, malgré ce qu'on m'avait dit. Taïpa s'empressa de répondre que oui, et il ne compta pas moins de cent cinquante îles, dont il m'assura que Feenou était souverain.

Feenou, avec qui je passai quelque temps, m'accompagna à bord, ainsi que cinq ou six personnes de sa suite. Je leur fis des présents convenables et les traitai de la manière que je crus la plus conforme à leur goût.

Je les reconduisis à terre le soir. Le chef, pour me remercier des présents qu'il avait reçus, me fit mettre trois cochons dans mon canot. J'appris sur la côte un accident qui venait d'arriver et qui donne la mesure de l'étendue du pouvoir que les chefs ici exercent sur le bas peuple. Tandis que Feenou était à bord de mon vaisseau, son chef inférieur, pour des raisons que notre détachement ne put comprendre, ordonna aux naturels de s'éloigner du poste que nous occupions. Quelques-uns d'entre eux ayant osé revenir, il prit un gros bâton et les frappa sans pitié. Il asséna un coup si vigoureux sur le visage de l'un des insulaires, que le sang jaillit par la bouche et les narines. Le malheureux tomba sans connaissance ; il eut ensuite des convulsions et on l'emporta. Le chef brutal, à qui on raconta qu'il l'avait tué, ne fit qu'en rire et ne témoigna pas le moindre regret de ce meurtre. Nous apprîmes depuis que le blessé ne mourut pas.

Le 14 au matin, nous partîmes d'Annamooka pour Happaë, sur les conseils de Feenou qui m'assura que nous y trouverions des rafraîchissements de toute espèce et en grande abondance, et qui, pour donner plus de poids à son avis, nous avait promis de nous accompagner, et quelques jours après nous mouillions.

Aussitôt mouillés, les vaisseaux se trouvèrent remplis de naturels et environnés d'une multitude de pirogues qui nous apportèrent des cochons, des volailles, des fruits qu'ils échangèrent contre du fer et des clous, des grains de verre et des étoffes. Feenou et Omaï arrivèrent à bord au lever du soleil, afin de me présenter aux habitants de l'île, et je descendis bientôt sur la côte. Nous débarquâmes dans la partie nord de *Lefooga*, un peu à droite de notre mouillage.

Le chef me conduisit à une maison ou plutôt à une cabane qui était située près de la grève et que j'avais vu apporter quelques minutes auparavant; nous nous y assîmes, Feenou, Omaï et moi. Les autres chefs et la multitude formaient un cercle en dehors vis-à-vis de nous, et ils s'assirent également. On me demanda combien de temps je voulais demeurer dans l'île; je répondis que je me proposais d'y rester cinq jours. Alors on ordonna à Taïpa de venir s'asseoir près de moi et d'annoncer cette nouvelle. Il harangua en effet le peuple, et

Feenou lui souffla la plus grande partie de son discours. Selon le rapport d'Omaï, l'orateur essaya de prouver qu'ils devaient tous, jeunes et vieux, me regarder comme un ami qui voulait passer quelque temps avec eux, et que, durant mon séjour, il fallait s'abstenir de me voler et de m'inquiéter; il exhorta ensuite les auditeurs à apporter aux vaisseaux des cochons, des volailles, des fruits, etc., et il leur fit la description des choses qu'ils recevraient en échange. Taïpa eut à peine fini son discours que Feenou nous quitta. Taïpa profita de son absence pour m'avertir que j'étais obligé de faire un présent au chef de l'île, appelé Earoupa. Comme je m'attendais à cet avis, je lui fis un présent plus riche qu'il ne l'espérait. Voyant que j'étais si généreux, deux chefs d'une autre île qui se trouvaient à l'assemblée, et Taïpa lui-même, me demandèrent quelque chose pour eux. J'eus soin de les contenter. Feenou revint au moment où j'achevais mes largesses; il parut faché contre Taïpa, qui m'avait laissé donner tant de choses, mais j'étais persuadé qu'il agissait de concert avec eux et je ne fus pas dupe de sa finesse. Il reprit sa place auprès de moi; il ordonna à Earoupa de s'asseoir à ses côtés et de haranguer le peuple, à l'exemple de Taïpa. Il indiqua à l'orateur, comme la première fois, les principaux points du discours, qui roula encore sur notre arrivée et sur la manière amicale dont il falait nous accueillir.

Ces cérémonies achevées, le chef me conduisit près

de trois mares, dont l'une contenait de l'eau douce assez bonne, et il n'était pas difficile de remplir nos futailles. Après avoir examiné l'aiguade, nous retournàmes à notre première station, où j'aperçus un cochon cuit au four et des ignames fumants que des naturels se disposaient à porter à bord pour mon dîner. J'invitai Feenou et ses amis à venir manger le cochon et les ignames, et nous prîmes la route du vaisseau ; mais Feenou seul s'assit à ma table.

Après dîner je le conduisis au rivage, et, au moment où je me rembarquai, le chef me donna une grosse tortue très belle et une quantité considérable d'ignames. Nous avions des rafraîchissements en abondance, car, dans le cours de cette journée, la *Résolution* acheta vingt petits cochons, outre des fruits ou des racines.

Le lendemain, Feenou et Omaï, qui ne se quittaient guère, arrivèrent à bord de très bonne heure. Ils me dirent l'un et l'autre qu'on m'attendait dans l'île. Je m'y rendis bientôt avec eux, et on me conduisit à l'endroit où je m'étais assis la veille ; j'y trouvai un concours nombreux d'habitants déjà rassemblés, et je jugeai qu'on préparait quelque chose d'extraordinaire, mais je ne devinais pas ce que c'était, et Omaï ne pouvait me l'apprendre.

Je fus à peine assis, que je vis paraître environ cent insulaires qui s'avancèrent sur notre gauche, chargés d'ignames, de fruits à pain, de bananes, de noix de coco et de cannes à sucre. Ils déposèrent leur charge,

et ils en formèrent deux tas en pyramides. Bientôt après,
d'autres naturels arrivèrent sur notre droite, et apportèrent les mêmes choses, dont ils firent également deux
pyramides de ce côté. Ils attachèrent, sur la pyramide de
notre droite, six cochons et deux tortues. Earoupa
s'assit devant la pyramide de gauche, et un autre chef
devant la pyramide de droite. Je pensai qu'ils avaient
rassemblé cette contribution par ordre de Feenou, auquel
on paraissait obéir ici avec autant de soumission qu'à
Annamooka, et qu'il avait beaucoup d'autorité sur les
chefs de Happaë.

Les hommes qui avaient apporté ces provisions eurent
soin de les étaler de la manière la plus pittoresque,
et ils allèrent ensuite se joindre à la multitude rangée
en cercle autour des deux pyramides. Des guerriers,
armés de massues de cocotiers, pénétrèrent ensuite
dans l'enceinte et défilèrent devant nous. Après avoir
fait des évolutions pendant quelques instants, ils entrèrent en lice et ils nous donnèrent le spectacle de
plusieurs combats singuliers. Un champion se levait, il
s'avançait fièrement, et, par des gestes expressifs, plutôt
que par des paroles, il proposait un défi à la troupe
opposée. Si l'on acceptait le cartel, ce qui arrivait
ordinairement, les deux champions se mettaient en
attitude de combattre et ils se chargeaient mutuellement, jusqu'à ce que l'un d'eux s'avouât vaincu, ou
jusqu'à ce que leurs armes fussent brisées. A la fin de
ce combat, le vainqueur venait s'accroupir devant le

chef ; il se relevait ensuite et s'éloignait. Sur ces entrefaites, quelques vieillards, qui paraissaient les juges du
camp, lui donnaient des éloges en peu de mots, et les spectateurs, surtout ceux qui étaient du côté du vainqueur,
célébraient cette victoire par deux ou trois cris de joie.

Il y eut de temps en temps quelques minutes d'intervalle d'un duel à l'autre. Ces entr'actes furent rem-
placés par des combats de lutte ou de pugilat. Les premiers ressemblaient exactement à ceux d'O-Taïti, et les
autres différaient peu de ceux de la populace d'Angleterre. Ce qui nous étonna le plus, ce fut de voir deux
grosses femmes entrer dans la lice et se charger à coups
de poing, sans aucune cérémonie, et avec autant d'a-
dresse que les hommes. Leur combat ne dura pas plus
d'une demi-minute, et l'une d'elles s'avoua vaincue.
L'héroïne victorieuse reçut de l'assemblée les applaudissements qu'on donnait aux hommes dont la force et la
souplesse avaient triomphé de leur rival. Nous témoi-
gnâmes du dégoût pour cette partie de leur fête, mais
notre improbation n'empêcha pas deux jeunes filles de se
présenter encore sur l'arène ; elles paraissaient avoir du
courage, et elles se seraient sûrement porté des coups
vigoureux si deux vieilles femmes n'étaient pas venues
les séparer. Ces divers combats eurent lieu en présence
d'au moins trois mille personnes, et les champions
montrèrent beaucoup de bonne humeur ; cependant les
hommes et les femmes reçurent des coups dont ils
durent se ressentir assez longtemps après.

A la fin de ces jeux, le chef me dit que le tas de provisions qui se trouvaient à notre droite était destiné à Omaï, et que la pyramide de notre gauche, qui comprenait à peu près les deux tiers du tout, était pour moi. Il ajouta que je pouvais les conduire à bord quand je le voudrais, qu'il serait inutile de les environner d'une garde et que les naturels n'en ôteraient pas une seule noix de coco. Il ne se trompait pas, car je l'emmenai dîner au vaisseau, et, lorsqu'on embarqua les provisions dans l'après-midi, nous reconnûmes qu'on n'y avait pas touché. Il y en eut assez pour charger quatre canots, et je fus très surpris de la libéralité de Feenou ; aucun des chefs des îles de la mer du Sud ne m'aurait fait un présent si magnifique. Je m'empressai de prouver à mon ami que je n'étais pas insensible à sa générosité, et je lui donnai toutes les choses auxquelles je crus qu'il mettait du prix. Il fut si satisfait de mes dons, qu'immédiatement après son arrivée sur la côte, il m'envoya encore deux cochons, une quantité considérable d'étoffes et des ignames.

Feenou avait désiré voir nos soldats de marine faire l'exercice. Afin de lui procurer cette satisfaction, j'ordonnai aux soldats des deux vaisseaux de se rendre à terre dans la matinée du 20.

Après différentes évolutions, ils tirèrent plusieurs coups chacun. L'assemblée, qui était très nombreuse, parut enchantée. Le chef nous offrit à son tour un spectacle où les naturels déployèrent une adresse et une

précision extrèmes, et nous le trouvàmes bien supérieur
à nos manœuvres militaires. C'était une espèce de
danse si différente de celle que j'avais vue jusqu'alors,
que je crains de ne pouvoir la décrire à nos lecteurs.
Elle fut exécutée par des hommes, et nous y comptàmes
cinq cents acteurs. Chacun d'eux tenait à la main un
joli instrument, à peu près de la forme d'une pagaie, de
deux pieds et demi de longueur, qui avait un joli
manche et une palme de peu d'épaisseur, et qui était
très léger. Ils l'agitèrent d'un nombre infini de manières ; toutes ces positions furent accompagnées de
diverses attitudes ou de divers mouvements du corps.
Les acteurs se rangèrent d'abord sur trois lignes, et,
au moyen de différentes évolutions, ils changèrent de
place, de manière que ceux qui s'étaient trouvés sur le
derrière se trouvèrent au front. Ils ne gardèrent pas
longtemps la même position, et, chaque fois qu'ils en
changeaient, c'était toujours par des mouvements très
vifs. Ils s'étendirent sur une ligne. Ils se formèrent en
demi-cercle et en deux colonnes. Tandis qu'ils achevaient cette dernière évolution, l'un d'eux s'avança et
exécuta devant moi une danse grotesque qui termina le
spectacle.

Il n'y avait d'autre instrument que deux tambours,
ou plutôt deux troncs d'arbres creusés qu'ils frappaient
avec un morceau de bois, et d'où ils tiraient quelques
notes. Il me parut néanmoins que les danseurs n'étaient
pas dirigés par ces tons, mais par un chœur de mu-

sique vocale auquel se joignait leur voix. Leur chant avait une sorte de mélodie, et les évolutions ou les pas qui en étaient la suite s'exécutaient avec tant de justesse et de vivacité que la troupe nombreuse des acteurs semblait ne former qu'une grande machine. Nous pensâmes tous qu'un pareil spectacle serait universellement applaudi sur un théâtre d'*Europe* ; il surpassa, comme je l'ai dit, tout ce que nous avions imaginé pour les divertir, et ils eurent l'air de sentir leur supériorité sur nous. Excepté le tambour, ils ne faisaient aucun cas de nos instruments de musique, encore le jugeaient-ils inférieur au leur. Nos cors de chasse, en particulier, excitèrent beaucoup de mépris ; car les naturels de cette île et de toutes celles de la mer du Sud ne daignèrent pas les examiner.

Afin de leur donner une opinion plus favorable de nos amusements, et de leur inspirer un sentiment profond de notre force et de notre adresse, je fis préparer des feux d'artifices qui furent tirés le soir en présence de Feenou, des autres chefs et d'une multitude d'habitants. Des pièces qui se trouvèrent gâtées manquèrent, mais celles qui étaient en bon état réussirent parfaitement et remplirent très bien les vues que je me proposais. Les fusées volantes et plongeantes leur causèrent surtout un plaisir et un étonnement qu'on ne peut concevoir, et ils jugèrent alors qu'en fait de spectacles nous en savions plus qu'eux.

Cette supériorité de notre part les excita à nous

donner de nouvelles preuves de leur dextérité, et, dès
que notre feu d'artifice fut terminé, nous vîmes commencer une suite de danses que Feenou avait ordonnées
pour nous divertir. Une bande de dix-huit musiciens
vint d'abord s'asseoir devant nous, au milieu d'un
cercle qui était composé d'une multitude de spectateurs,
et qui devait servir de théâtre. Quatre ou cinq d'entre
eux avaient des morceaux d'un gros bambou de trois à
cinq ou six pieds de longueur, qu'ils tenaient à peu près
dans une position verticale, l'extrémité supérieure ou-
verte et l'extrémité inférieure fermée par des nœuds.
Ils frappaient la terre avec cette extrémité inférieure,
constamment, mais lentement; ils produisaient ainsi
divers tons, suivant la longueur des bambous, mais
chacun de ces tons était grave; afin d'établir des con-
trastes, un autre homme frappait très vite, avec deux
bâtons, un morceau de la même substance, fendu et
couché sur le sol, et il en tirait des tons aussi aigus que
les premiers étaient graves. Le reste des musiciens,
ainsi que ceux qui jouaient du bambou, chantaient un
air doux et lent, qui tempérait si bien l'âpreté des sons
des instruments dont je viens de parler, qu'un audi-
toire habitué aux modulations les plus parfaites et les
plus variées des sons mélodieux aurait admiré la forte
impression et l'effet agréable qui résultait de cette harmonie simple.

Après ce concert, qui dura environ un quart d'heure,
vingt femmes entrèrent sur la scène. La tête de la plu-

part d'entre elles était ornée de guirlandes de roses de la Chine ou d'autres fleurs cramoisies. Plusieurs avaient sur le corps d'autres guirlandes de feuilles d'arbres, découpées sur les bords avec beaucoup de délicatesse, et elles dansèrent une espèce de ballet qui nous divertit beaucoup.

Après le ballet dansé par des femmes, vint celui dansé par des hommes, et ces deux danses furent si animées et si justes qu'elles obtinrent des éloges universels. Les naturels qui assistèrent au spectacle, et étaient sûrement de bons juges, ne pouvaient contenir leurs applaudissements, et nous éprouvâmes nous-mêmes une aussi grande satisfaction.

Nous fûmes d'abord frappés de l'ensemble qui régnait parmi les acteurs, et de l'exactitude de leurs pas et de leur chant, qui ne manquaient jamais de suivre la mesure de la musique ; quelques-uns de leurs gestes étaient si expressifs que nous croyons entendre les paroles qui les accompagnaient. Quoique l'orchestre et la voix des danseurs fussent parfaitement d'accord, la longue habitude de ces ballets entremêlés d'airs semble contribuer beaucoup à la mesure exacte qu'ils observent. Nous remarquâmes, en effet, que ceux qui se trouvaient distraits ou dérangés de quelque manière reprenaient la note et le pas sans aucune peine. Ils passaient brusquement et avec une extrême adresse, des contorsions rudes et des cris aigus, à des mouvements doux et des chants mélodieux, et il nous fut démontré clairement que ces exercices leur sont très familiers.

Ces danses furent exécutées sous des arbres, au bord de la mer. Le lieu de la scène était éclairé par des flambeaux, placés de distance en distance. Il s'y trouvait un grand nombre de spectateurs, quoique l'assemblée fût moins nombreuse qu'elle ne l'avait été le matin, lorsque nos soldats de marine firent l'exercice. Quelques-uns de nos messieurs conjecturèrent qu'environ cinq mille personnes assistèrent à ce spectacle de nuit, d'autres jugèrent cette estimation trop faible ; il me semble qu'il y en avait un peu moins, et je crois approcher davantage de la vérité.

CHAPITRE V.

Les divers spectacles auxquels nous eûmes le plaisir d'assister ayant satisfait la curiosité des insulaires et la nôtre, j'eus enfin le loisir d'examiner le pays. Le 21 je fis une promenade dans l'île de *Lefooga*, que je voulais observer. Je la trouvai, à bien des égards, supérieure à *Annamooka*. Les plantations étaient plus nombreuses et plus étendues ; cependant le terrain est encore en friche dans quelques districts situés vers la mer, et surtout au côté oriental : cela vient peut-être de ce que le sol y est sablonneux ; car il se trouve beaucoup moins élevé qu'Annamooka et les îles voisines. Il est meilleur au centre de l'île, et tout y annonçait une population considérable et une culture soignée ; nous y vîmes de vastes plantations enfermées par des haies qui sont parallèles l'une à l'autre, et qui forment de grands chemins si beaux et si spacieux qu'ils embelliraient des contrées où les agréments et les commodités de la campagne ont été portés à une extrême perfection. Nous y aperçûmes de vastes cantons couverts de mûriers et de beaux arbres.

Afin d'enrichir encore ces plantations, j'y semai du blé d'Inde, des graines de melon, de citrouille et d'autres plants de ce genre. Nous aperçûmes une maison quatre ou cinq fois aussi étendue que les habitations ordinaires; il y avait un large tapis de gazon devant la façade, et je jugeai que les naturels y tenaient des assemblées publiques.

Au retour de mon excursion, je vins dîner à bord, et je trouvai une grande pirogue à voile amarrée à l'arrière de la *Résolution*. Latooliboula, que j'avais vu à Tongataboo durant mon second voyage, et que je supposais alors le roi de cette île, était assis dans l'embarcation avec toute la gravité qu'il montrait à cette époque et dont j'ai parlé ailleurs. Nos caresses et nos prières ne purent le déterminer à monter sur le vaisseau. Nous avions à bord une foule d'insulaires qui tous l'appelaient *areeke*, ce qui signifie roi. Malgré l'étendue des pouvoirs dont Feenou semblait jouir ici, jamais nous n'avions entendu personne l'appeler *areeke*, et je soupçonnais depuis longtemps qu'il n'était pas roi, quoique son ami Taïpa eût pris beaucoup de peine afin de nous le persuader. Latooliboula resta jusqu'au soir sous l'arrière de la *Résolution*, et il regagna la côte de l'une des îles. Feenou passa la journée avec nous,

mais ces deux grands personnages ne se regardèrent
et ne se saluèrent point.

Le lendemain quelques-uns des naturels volèrent sur
le pont une tente goudronnée et d'autres choses. On s'en
aperçut bientôt ; je fis suivre les voleurs, mais mon
détachement partit un peu trop tard. Je portai mes
plaintes à Feenou, qui, s'il n'était pas roi, avait du
moins beaucoup d'autorité, et je lui recommandai de
tout mettre en usage pour qu'on me rendît ce qu'on
m'avait dérobé. Il me renvoya à Earoupa, qui m'amusa
par de vaines promesses et qui ne fit aucune démarche.

Dans une de mes courses dans l'île, j'eus l'occasion
de voir un fait curieux. J'entrai par hasard dans une
maison où une femme pansait les yeux d'un enfant
qui paraissait aveugle ; les yeux de l'enfant étaient très
enflammés et couverts d'une pellicule. Elle n'avait
d'autres instruments que deux petites sondes de bois,
avec lesquelles elle venait de frotter les yeux du malade, de manière à les faire saigner. Je fus un peu
étonné de voir que les naturels entreprenaient une opération de cette espèce ; mais j'arrivai trop tard, et je
ne puis écrire en détail comment la femme oculiste
employa les misérables instruments que j'aperçus entre
ses mains.

J'eus le bonheur d'être témoin d'une autre opération
que je vais essayer de décrire avec assez d'exactitude.
Je rencontrai une seconde femme qui rasait la tête
d'un enfant avec une dent de requin plantée à l'extré-

mité d'un bâton : je remarquai qu'elle mouilla d'abord les cheveux à l'aide d'un morceau d'étoffe qu'elle plongeait dans l'eau, et qu'elle appliquait ensuite son instrument sur la partie mouillée. L'enfant ne sembla éprouver aucune douleur, et les cheveux furent aussi bien coupés que si l'on avait employé nos rasoirs. Encouragé par ce qui s'était passé devant moi, j'essayai bientôt sur ma barbe un instrument de la même espèce, et mon expérience eut du succès. Toutefois les hommes ne se coupent pas ainsi la barbe, ils se rasent avec deux coquilles. Ils placent une des coquilles au-dessous d'une des touffes de leur barbe ; ils appliquent la seconde coquille au-dessus, et ils enlèvent ainsi les poils. L'opération est un peu longue, mais n'a rien de douloureux. Il y a parmi eux des gens qui semblent faire le métier de barbiers ; nos matelots allaient souvent à terre pour se faire raser à la manière du pays, et les chefs de l'île vinrent à bord pour se faire raser par nos barbiers.

Le 21 mai, à la pointe du jour, je fis signal d'appareiller : je voulais, en allant à Tongataboo par le sud-ouest, repasser à *Annamooka* et couper les îes qui étaient sur ma route. J'ordonnai au *master* de prendre un canot et de sonder en avant ; mais nous n'étions pas encore sous voile que le vent devint variable, et je sentis qu'il serait dangereux d'essayer ce passage sans le bien connaître. Je gardai ma position et je rappelai le master. Je le renvoyai ensuite avec le master de la *Découverte*, qui monta un second canot ; je leur enjoignis de revenir à l'entrée de la nuit et d'examiner les canaux le plus loin qu'ils le pourraient.

A midi, une grande pirogue à voile arriva sous l'arrière de la *Résolution*; elle amenait un homme qui s'appelait *Futtafaihe* ou *Poulaho*, peut-être même portait-il ces deux noms. Les naturels qui se trouvaient à bord nous dirent qu'il était roi de Tongataboo et de toutes les îles voisines que nous avions vues, ou dont nous avions entendu parler. J'avais lieu de croire que le titre de roi appartenait à un autre, et je fus étonné qu'on m'annonçât Poulaho de cette manière.

Les insulaires assurèrent néanmoins qu'il était revêtu de cette haute dignité, et ils m'avouèrent alors pour la première fois que Feenou n'était pas le roi, mais seulement un chef qui avait beaucoup de pouvoir; que lorsqu'il s'agissait de faire la guerre ou de terminer des différends, on l'envoyait aux îles voisines. J'avais besoin et je désirais faire ma cour à tous les grands personnages, sans examiner les titres qu'ils prenaient, et, ayant appris que Poulaho avait grande envie de venir à bord, je le priai d'y monter. Je l'accueillis d'autant mieux qu'il m'apporta deux cochons gras. Il était d'un embonpoint extrême. Si le rang ou l'autorité sont proportionnés, parmi eux, à la grosseur du corps, c'était sûrement le premier des chefs que nous avions rencontrés; très replet, malgré sa petite taille, il ressemblait à un gros tonneau. Il paraissait avoir quarante ans; ses cheveux étaient lisses et ses traits différaient beaucoup de ceux de la populace. Je le trouvai intelligent, grave et posé. Il examina avec une attention singulière le vaisseau et les choses nouvelles pour lui, et il me fit plusieurs questions judicieuses : il me demanda, par exemple, ce qui pouvait nous engager à aborder ici. Quand il eut satisfait sa curiosité sur le pont et qu'il eut bien regardé notre bétail, je l'engageai à passer dans ma chambre. Quelques-uns des naturels de sa suite objectèrent que s'il acceptait l'invitation, on marcherait sur sa tête, ce qui n'était pas permis. Je chargeai Omaï, mon interprète, de répondre que je défendrais de se tenir à la partie du pont située en dessus de ma chambre. Cet arrangement ne parut pas leur convenir du tout, mais le chef lui-même fut moins scrupuleux que ses courtisans : il s'affranchit du cérémonial et descendit sans stipuler aucune condition.

Il s'efforça, ainsi que les gens de sa suite, de nous convaincre qu'il était le roi et que Feenou ne l'était pas, car il s'aperçut bien que nous en doutions. Omaï ne se souciait point d'éclaircir le fait : il avait formé une liaison intime avec Feenou, ils avaient échangé leurs noms en témoignage de leur amitié, et il était fâché qu'un autre insulaire vînt réclamer des honneurs dont son ami avait joui jusqu'alors.

Poulaho vint dîner avec nous, mais il mangea peu, et il but encore moins. Quand nous fûmes hors de table, il m'invita à l'accompagner à terre. On proposa à Omaï d'y venir aussi ; mais il était trop fidèlement attaché à

3.

Feenou pour montrer des égards à son rival, et il refusa. Je ramenai le chef dans mon canot, après lui avoir fait présent des choses qui me semblèrent avoir un grand prix à ses yeux. Je jugeai que ma générosité passait ses espérances, car, dès que nous fûmes descendus près du rivage, il donna ordre, avant de descendre de mon canot, qu'on m'apportât deux autres cochons. Quand il fut à terre, toute sa suite s'assit en rond autour de lui, et à ses côtés se trouvait une vieille femme qui tenait à la main un éventail et qui était chargée de prendre garde qu'il ne fût incommodé par les mouches.

On étala devant lui les différentes choses que les insulaires avaient achetées de nous. Il les examina toutes avec attention ; il demanda ce qu'on avait donné en échange, et parut satisfait du marché. Il fit ensuite rendre aux propriétaires chacun des articles, excepté un verre à boire, dont il fut si enchanté qu'il le garda pour lui. Les naturels qui montrèrent leurs emplettes s'accroupirent d'abord à ses genoux ; ils déposèrent ensuite ce qu'ils apportaient ; ils se relevèrent un instant après et ils se retirèrent. Ils observèrent ce cérémonial respectueux quand ils vinrent reprendre leurs richesses, et aucun d'eux ne s'avisa de parler à Poulaho debout. Au moment où je le quittai, plusieurs de ses courtisans avaient déjà pris congé, et j'étudiai l'étiquette de la cour en cette occasion. Ils mirent leur tête sous la plante de ses pieds qu'ils touchèrent et frottèrent d'ailleurs avec le revers et le dedans des doigts des deux mains ; d'autres, qui n'étaient pas dans le cercle, s'approchèrent également, afin de lui donner cette marque de respect, et ils s'éloignèrent sans dire un seul mot. La décence de ceux qui vinrent faire leur cour au roi me charma : je n'avais rien vu de pareil, même chez les nations les plus civilisées.

Le master était de retour lorsque j'arrivai à bord, et, sur son rapport, je mis à la voile à la pointe du jour ; je voulais retourner à *Annamooka* par la route que j'avais déjà faite durant cette campagne. Plusieurs pirogues à voile, dont l'une était montée par le roi, nous suivirent. Dès que le prince fut à bord de la *Résolution*, il demanda son frère et ses autres compatriotes qui avaient passé la nuit avec nous ; nous jugeâmes qu'ils étaient restés sur notre vaisseau sans sa permission. Quoiqu'ils n'eussent pas moins de trente ans, la réprimande sévère que Poulaho leur fit en peu de mots leur arracha des larmes. Le roi ne tarda pas à changer de disposition, car, en nous quittant, il laissa à bord son frère et cinq hommes de sa suite ; nous eûmes, de plus, la société d'un chef qui arrivait de *Tongataboo* et qui s'appelait *Tooboueitoa*. Dès l'instant où il fut sur le pont, il renvoya la pirogue, et il déclara qu'il coucherait à bord avec les cinq personnes qui l'accompagnaient. Ma chambre était remplie d'étrangers ; cette foule était très incommode, mais je ne désirais pas qu'elle fût moins nombreuse, car les insulaires m'apportèrent une quantité considérable de provisions, pour lesquelles toutefois je leur donnai quelque chose en retour.

Nous appareillâmes le 4 à 7 heures du matin, et, à l'aide d'un vent frais de l'est-sud-est, nous gouvernâmes sur *Annamooka*, où nous mouillâmes le lendemain , à peu près au même endroit où nous avions jeté l'ancre quelque temps auparavant.

Je descendis à terre bientôt après, et je trouvai les habitants qui travaillaient avec ardeur à leurs plantations: ils recueillaient des ignames pour les apporter à notre marché. Deux cents d'entre eux s'assemblèrent sur la grève, et ils firent, jusqu'à la fin du jour, des échanges d'une manière aussi empressée que durant ma première relâche. Quoiqu'il se fût écoulé peu de temps depuis notre départ, le fonds de leurs richesses semblait avoir beaucoup augmenté : nous n'avions pu y acheter que du fruit à pain la première fois, mais ils nous vendirent, celle-ci, des ignames et des bananes; d'où l'on peut conclure que la saison des différents végétaux de cette contrée se succède rapidement. Il parut aussi qu'ils s'étaient beaucoup adonnés à la culture pendant notre absence, car nous trouvâmes de vastes plantations de bananes sur des terrains que nous avions laissés en friche. Les ignames étaient parfaitement mûres; nous en achetâmes une quantité considérable, et nous donnâmes des ouvrages de fer en échange.

Le 6, Feenou arriva de *Varaoo* ; le lendemain, à midi, il nous dit que le gros temps avait coulé bas plusieurs pirogues chargées de cochons et d'autres choses qu'il amenait de cette île, et que les équipages avaient péri. Une nouvelle si affligeante ne sembla intéresser aucun des naturels; quant à nous, nous le connaissions trop pour ajouter beaucoup de foi à son histoire. Vraisemblablement il n'avait pu se procurer à *Vavaoo* ce qu'il nous avait promis; en supposant qu'il y eût embarqué des provisions, il les avait sans doute laissées à *Happaë*, où il dut apprendre que Poulaho était près de nous. Il savait bien que celui-ci aurait, comme son supérieur, le mérite et la récompense du voyage. Son mensonge, cependant, ne fut pas mal imaginé; car le ciel avait été si orageux les derniers jours, que le roi et tous les chefs qui nous suivirent de *Happaë* à *Kotoo* étaient démeurés sur cette dernière île, n'osant pas, ainsi que nous, affronter le gros temps. Ils m'avaient prié de les attendre à *Annamooka;* c'est pour cela que j'y revins une seconde fois et que je ne me rendis pas directement à Tongataboo.

Poulaho et les chefs qui l'accompagnaient arrivèrent le 7. J'étais à terre avec Feenou, qui sentit alors combien il avait eu tort de prendre un titre qui ne lui appartenait pas; non-seulement il reconnut Poulaho pour le roi de Tongataboo et les autres îles, mais il affecta d'insister beaucoup sur ce point, sans doute pour réparer sa faute. Je le quittai et j'allai faire ma cour à Poulaho. Je le trouvai assis et ayant devant lui quelques personnes; les naturels s'empressèrent de venir rendre leurs devoirs à leur roi, et le cercle fut bientôt très nombreux.

J'examinai avec soin le maintien et la conduite de Feenou en cette occasion. Je fus convaincu qu'il jouissait réellement d'une assez grande autorité, car il se plaça au milieu des courtisans qui étaient assis devant Poulaho; il fut d'abord un peu honteux de ce que nous l'avions vu jouer un rôle bien différent, mais il reprit bientôt son assurance. Ces deux chefs eurent un entretien qu'aucun de nous ne comprit, et nous ne fûmes pas satisfaits de l'interprétation qu'Omaï voulut nous en donner, mais nous sûmes alors à quoi nous en tenir sur le compte de Feenou. Il vint dîner à bord avec moi, ainsi que Poulaho, et ce dernier seul s'assit à table. Feenou, après avoir rendu ses hommages à son souverain, selon la méthode ordinaire, c'est-à-dire après avoir touché de sa tête et de ses mains les pieds du roi, sortit de la grande chambre. Poulaho nous avait assurés auparavant que ceci arriverait, et il fut démontré que Feenou ne pouvait pas même manger et boire en présence du roi.

Le lendemain nous appareillâmes, à 8 heures du matin, et nous prîmes la route de Tongataboo, où nous mouillâmes sur dix brasses, fond de sable vaseux, et à un tiers de mille du rivage.

CHAPITRE VI.

Peu de temps après notre mouillage, je descendis à terre, accompagné d'Omaï et de quelques-uns des officiers. Le roi nous attendait sur la grève, il nous conduisit à une jolie maison. Il me dit que nous étions les maîtres de l'occuper durant notre relâche; nous ne pouvions désirer une position plus charmante.

Un cercle assez nombreux de naturels ne tarda pas à s'asseoir devant nous sur la prairie. On apporta devant le roi des racines de plantes de *Kava*, qu'on mit aux pieds du roi. Il ordonna de les couper en morceaux; il les fit distribuer aux hommes et aux femmes, qui commencèrent à les mâcher, et ils préparèrent en peu de temps un bol de leur liqueur favorite. Sur ces entrefaites, nous vîmes arriver un cochon cuit au four et deux paniers d'ignames grillées, qu'on divisa en dix portions et qu'on distribua à quelques-uns des assistants; mais j'ignore à combien de personnes chacune de ces portions était destinée. J'observai qu'on en donna une au frère du roi, et qu'on en réserva une, sans doute pour Poulaho, car c'était un morceau choisi. On servit ensuite la liqueur, mais Poulaho ne parut pas se mêler de la distribution. On lui présenta la première coupe, et il la donna à un homme qui était assis près de lui. On lui apporta aussi la seconde, qu'il garda. On m'offrit la troisième; mais, ayant vu préparer la boisson, je ne me souciai pas de la goûter, et elle passa à Omaï. Le reste fut envoyé à différents insulaires, d'après les ordres de celui qui avait le soin du bol. Le frère du roi reçut une de ces coupes, qu'il emporta avec sa part de cochon et d'ignames. D'autres quittèrent également le cercle et emportèrent les portions; on nous dit qu'ils ne pouvaient ni boire ni manger en présence du roi : cependant des hommes et des femmes d'un rang bien inférieur mangèrent et burent sous ses yeux. La plupart se retirèrent bientôt, et ils emportèrent ce qu'ils n'avaient pas consommé.

Comme je me proposais de faire un séjour assez long à *Tongataboo*, nous dressâmes une tente près de la maison que Poulaho nous avait donnée. On débarqua nos chevaux et notre bétail, et je laissai à terre un détachement des soldats de marine commandés par leur officier.

Feenou avait fixé sa résidence dans notre voisinage, mais il n'était plus le maître. Il conservait cependant beaucoup de crédit, et les présents continuels qu'il nous fit nous donnèrent de nouvelles preuves de son opulence et de sa générosité.

Le roi ne se montrait pas moins libéral que lui envers nous, et il ne se passait guère de jour sans que nous reçussions de lui des choses précieuses.

Nous apprîmes qu'il y avait dans l'île d'autres grands personnages que nous n'avions pas encore vus. Otago et Toobou, en particulier, m'en citèrent un qui se nommait Mareewagee, qui jouissait, disaient-ils, d'un pouvoir étendu et qui était fort respecté. Si Omaï ne se méprit pas sur ce qu'ils nous racontèrent, Mareewagee se trouvait revêtu d'une autorité supérieure à celle de Poulaho lui-même, son parent ; mais comme il était vieux et qu'il vivait dans la retraite, il ne venait pas nous rendre de visite. Plusieurs naturels nous laissèrent entrevoir que l'élévation de son rang ne lui permettait pas de nous faire cet honneur. De pareils détails excitant ma curiosité, j'avertis Poulaho que je voulais aller chercher Mareewagee, et il me répondit amicalement qu'il m'accompagnerait le lendemain.

Nous partîmes, en effet, le 12, dès le grand matin, dans la pinasse, et le capitaine Clerke me rejoignit dans un de ses canots. Nous marchâmes à l'est des petites îles qui forment le havre ; tournant ensuite au sud, d'après les conseils de Poulaho, nous atteignîmes une baie spacieuse, ou une entrée que nous remontâmes l'espace d'environ une lieue, et nous débarquâmes au milieu d'un nombre considérable d'insulaires, qui nous reçurent avec des acclamations de joie. Ils se séparèrent sur le champ, afin de laisser Poulaho. Là on nous dit que Mareewagee n'y était point venu. Il paraît qu'il y eut de notre part bien des méprises, et qu'Omaï fut trompé, ou, ce qui est plus vraisemblable, qu'il comprit mal ce qu'on lui avait dit sur le grand personnage à qui nous voulions nous présenter.

Le lendemain, à midi, le célèbre Mareewagee, dont on nous avait parlé si souvent, se rendit aux environs du poste que nous occupions dans l'île ; il était suivi d'un nombre considérable d'insulaires de tous les rangs. On m'assura qu'il avait pris cette peine afin de me fournir une occasion de le voir. Il savait probablement que j'avais paru très mécontent, la veille, de ne pas le rencontrer. L'après-midi, je descendis à terre avec plusieurs de nos messieurs, et Feenou nous servit de guide. Nous trouvâmes un homme assis sous un grand arbre, près de la côte, un peu à droite de notre tente ; une pièce d'étoffe, d'au moins quarante verges de longueur, était étendue devant lui, et il était environné d'un cercle nombreux de naturels des deux sexes, également assis. Nous supposâmes que c'était le grand personnage que nous venions chercher, mais Feenou nous détrompa, et il nous montra un vieillard assis sur une natte à quelque distance, en nous disant que c'était là Mareewagee ; il nous présenta au vieillard, qui nous reçut d'une manière très amicale et qui nous pria de nous asseoir.

L'insulaire assis sous l'arbre en face de nous s'appelait Toobou, et, lorsque j'aurai l'occasion d'en parler par la suite, je le nommerai le vieux Toobou, pour le distinguer de l'autre Toobou, ami du capitaine Furneaux ; sa figure, ainsi que celle de Mareewagee, était vénérable. Le dernier était mince de taille, et il paraissait avoir plus de soixante ans. Le premier, quoique moins âgé, avait plus d'embonpoint, et il avait si mal aux yeux qu'il semblait presque aveugle.

Comme je ne m'attendais pas à trouver deux chefs, je n'avais apporté qu'un présent. Il fallut le diviser ; mais chacune des portions fut encore assez considérable, et Toobou et Mareewagee parurent très satisfaits. Nous les amusâmes ensuite, l'espace d'une demi-heure, avec deux cors de chasse et un tambour ; le capitaine Clerke tira un coup de pistolet, ce qui leur causa un extrême plaisir. Au moment où je pris congé, on roula la grande pièce d'étoffe étendue devant Mareewagee, et on me la donna ainsi que des noix de coco.

... Poulaho revint, à midi, du village où nous l'avions laissé deux jours auparavant, et il nous amena son fils, jeune homme d'environ douze ans ; il dîna avec moi, mais il ne permit pas à son fils de dîner à table. Je me trouvais plus à mon aise quand je l'avais pour convive, car alors les autres naturels n'osaient approcher, et un petit nombre d'entre eux se tenaient dans ma chambre. Lorsque lui ou Feenou n'étaient pas à bord, ce qui, à la vérité, n'arriva guère durant notre relâche, les chefs inférieurs s'asseyaient à ma table sans façon, ou ils entraient dans ma chambre à l'heure des repas, et ils m'importunaient beaucoup. Nous nous trouvions si gênés par la foule, qu'il n'y avait pas moyen de dîner d'une manière tranquille. Le roi aima bientôt notre cuisine ; je fus persuadé néanmoins qu'il dînait si souvent avec nous, afin d'avoir le plaisir de boire, plutôt que celui de manger ; il prit, en effet, du goût pour le vin, et il vidait sa bouteille aussi bien et aussi gaiement que nous. Il établit sa demeure dans une maison située près de notre tente ; le soir il donna à nos gens le spectacle d'une danse, et, ce qui étonna tout le monde, malgré son embonpoint extrême, il dansa lui-même.

Le 15, dans la matinée, je reçus un messager du vieux Toobou qui me priait de descendre à terre. J'allai le voir, accompagné d'Omaï ; nous le trouvâmes au pied d'un arbre, environné d'un cercle de naturels d'une physionomie respectable : une grande pièce d'étoffe était étendue de toute sa longueur, devant lui. Il nous invita à nous asseoir près de lui ; il montra à Omaï la pièce d'étoffe, une touffe de plumes rouges et une douzaine de noix de coco, en disant qu'il me les destinait. Je le remerciai, et, comme je n'avais rien à lui donner, je l'engageai à venir à bord.

Je rencontrai Feenou à mon retour, et je l'emmenai dîner à bord, ainsi qu'un second chef qui était jeune. Lorsque le dîner fut servi, ils ne voulurent point manger, ils me dirent qu'ils étaient *taboo-avy*. S'étant informés ensuite de quelle manière on avait apprêté nos aliments, ils s'assirent à table et ils mangèrent de bon cœur du cochon et des ignames qu'on avait fait cuire sans *avy*, c'est-à-dire sans eau. Je les assurai qu'il n'y avait pas non plus d'eau dans le vin, et ils en burent volontiers. Nous conjecturâmes que des principes de superstition leur interdisaient alors l'usage de l'eau ; il est vraisemblable, toutefois, que l'eau dont nous nous servions leur inspirait du dégoût, parce qu'on la puisait à l'un des endroits où ils se baignaient.

Mareewagee avait fait préparer une grande fête (*haiva*) à laquelle nous fûmes tous invités ; on disposait devant la maison qu'occupait alors ce chef, et près de notre poste, un terrain qui devait servir de théâtre. Les insulaires arrivèrent en foule, le matin, de l'intérieur du pays ; chacun portait sur son épaule une perche de six pieds de longueur, avec une igname suspendue à chacune des extrémités. Ces ignames et ces perches furent déposées dans le cirque ; ils en formèrent deux pyramides, ornées de différentes sortes de petits poissons, de manière à produire le coup d'œil le plus favorable. Mareewagee destinait ce présent au capitaine Clerke et à moi.

Les danses commencèrent ensuite, pour ne se terminer que le soir.

La fête se passa avec plus d'ordre que ne le permettait une si grande assemblée, et nous revînmes à bord fort satisfaits de ce que nous avions vu.

Le lendemain dans la soirée, j'assemblai tous les chefs devant la maison que nous occupions. Je donnai au roi un jeune taureau d'Angleterre et une vache, à Mareewagee un bélier du Cap et deux brebis, et à Feenou un cheval et une jument. Je recommandai à Omaï de leur dire que la transplantation de ces animaux m'avait coûté beaucoup de peine, qu'ils ne les tuent pas et qu'ils les laissent au contraire multiplier.

Je ne tardai pas à connaître que le partage avait mécontenté bien du monde, car on m'avertit le lendemain qu'il nous manquait un chevreau et deux coqs d'Inde. Je ne pouvais imaginer qu'ils se fussent perdus par hasard, et je résolus de ne pas les laisser entre les mains des voleurs. Pour cela, je commençai par saisir trois pirogues qui se trouvaient à la hanche des vaisseaux. Je descendis ensuite à terre, et, ayant rencontré le roi, son frère, Feenou et quelques autres chefs dans la maison que nous occupions, je leur donnai une garde, et je leur fis comprendre que je les tiendrais aux arrêts jusqu'à ce qu'on m'eût rendu non-seulement le chevreau et les coqs d'Inde, mais tout ce qu'on nous avait dérobé à différentes époques. Lorsqu'ils se virent prisonniers, ils dissimulèrent leur chagrin autant qu'ils purent, et, après m'avoir assuré qu'on me rendrait tout, ainsi que je le désirais, ils s'assirent, burent la *kava* d'une manière enjouée et tranquille. On me rapporta bientôt une hache et un coin de fer. Sur ces entrefaites, quelques naturels en armes se rassemblèrent derrière notre maison ; mais ils se dispersèrent dès le moment où nos soldats de marine marchèrent contre eux. Je recommandai aux chefs de défendre ces attroupements; ils donnèrent en effet des ordres auxquels les habitants du pays obéirent. Je les engageai à venir dîner avec moi à bord, et ils y consentirent de bon cœur. Plusieurs insulaires ayant ensuite représenté que le roi ne devait pas quitter la côte, le prince se leva à l'instant et déclara qu'il était prêt à partir. Nous nous rendîmes donc sur la *Résolution;* le prince et sa suite y demeurèrent jusqu'à 4 heures, et je les reconduisis dans l'île; bientôt après, on me ramena le chevreau et l'un des coqs. Ils promirent de nous livrer l'autre le lendemain; comptant sur leur parole, je relàchai les pirogues, et je rendis la liberté aux chefs.

Quand les chefs nous eurent quittés, nous fîmes une promenade, Omaï et moi, et, durant cette promenade, nous rencontrâmes une demi-douzaine de femmes qui soupaient au même endroit. On mettait les morceaux dans la bouche de deux d'entre elles, et, lorsque nous en demandâmes la raison, on nous dit qu'elles étaient *taboo-mattee.* Nous apprîmes, en faisant des recherches ultérieures, que l'une d'elles avait lavé le cadavre d'un chef deux mois auparavant, et qu'elle ne devait toucher aucun aliment pendant cinq mois; l'autre avait aussi lavé le cadavre d'une personne d'un rang inférieur, et elle était soumise à la même abstinence, qui devait finir plus tôt.

Nous aperçûmes également, à peu de distance de là, une troisième femme à qui on mettait également les morceaux dans la bouche; on nous avertit qu'elle avait aidé à laver le corps du chef dont je parlais tout à l'heure.

Enfin, après quelques jours passés dans les fêtes de toutes sortes, toutes nos observations faites, nos approvisionnements embarqués, je levai l'ancre le 3 juillet au matin, et nous conduisîmes les vaisseaux derrière Pangimodoo, afin de profiter du premier vent favorable pour sortir des passes. Le roi dîna avec moi, et j'observai que mes assiettes attiraient beaucoup son attention. Je lui en offris une et je lui dis que je la lui donnerais d'étain ou de faïence; il préféra celle d'étain, et il se mit à nous indiquer les différents usages auxquels il la destinait. Il en indiqua deux si extraordinaires, que je ne dois pas les oublier ici. Il nous dit que lorsqu'il irait faire un voyage sur quelques-unes des autres îles, il laisserait son assiette à Tongataboo pour le représenter pendant son absence, et que les habitants paieraient à ce meuble le tribut d'hommages qu'ils paient à sa personne. Je lui demandai ce qu'il avait employé jusqu'alors, en pareille circonstance, et j'eus la satisfaction d'apprendre que, lorsqu'il s'était éloigné de sa résidence, les insulaires avaient fait leur cour à un vase de bois dans lequel il lavait ses mains. Le second usage auquel il voulait employer l'assiette n'était pas moins singulier : il comptait s'en servir, au lieu de son vase de bois, pour découvrir les voleurs. Il nous assura que lorsqu'on dérobait quelque chose, et qu'on ne pouvait découvrir le voleur, tous les naturels s'assemblaient devant lui au moment où il lavait ses mains dans le vase de bois ; qu'on nettoyait ce vase, et que les insulaires s'approchaient l'un après l'autre et le touchaient de la même manière qu'ils touchent ses pieds quand ils viennent lui faire la cour ; que si le coupable osait le toucher, il mourait sur-le-champ, qu'il expirait de la main des Dieux, sans qu'il fût nécessaire de le tuer, et que si l'un des naturels refusait d'approcher, son refus prouvait clairement qu'il avait commis le vol.

CHAPITRE VII.

Nous appareillâmes de Tongataboo à 8 heures du matin, et, à l'aide d'un vent ferme du sud-est, nous traversâmes le canal, qui se trouve entre des petites îles. La marée nous fut très favorable, et, deux jours après, j'appareillai à Eooa.

Nous fûmes à peine mouillés que *Taoofa*, l'un des chefs du pays, et plusieurs autres naturels vinrent nous voir et semblèrent se réjouir beaucoup de notre arrivée. *Taoofa* avait été mon *layo* (ami) quand je relâchai ici durant mon second voyage ; ainsi nous nous connaissions bien. Je descendis à terre avec lui pour chercher de l'eau douce, car c'était surtout pour remplir mes futailles que j'abordais à Eooa. On m'avait dit à Tongataboo que j'y trouverais un ruisseau qui vient des colines et qui se jette dans la mer, mais je n'en trouvai point. On me conduisit d'abord à une source jaunâtre, située entre la marque de la marée basse et celle de la marée haute, parmi des rochers, dans l'anse où nous débarquâmes et où aucun navigateur ne songerait à faire de l'eau. Je crois cependant que l'eau de cette source serait bonne s'il était possible de la puiser avant qu'elle se mêle à celle de la marée. Nos amis, s'apercevant qu'elle ne nous plaisait pas du tout, nous proposèrent de nous mener dans l'intérieur de l'île, où je rencontrai de la très bonne eau douce dans une ouverture profonde. Avec du temps et de la peine, j'aurais pu arriver, avec des augets en bambou, à conduire cette eau jusqu'à la côte, mais je préférais laisser ce travail ennuyeux et me contenter du supplément que les vaisseaux avaient embarqué à *Tongataboo*.

Avant de retourner à bord, j'indiquai aux naturels un endroit où nous achèterions des cochons et des ignames. Ils nous vendirent beaucoup d'ignames, mais fort peu de cochons. Je déposai sur cette île un bélier et deux brebis du cap de Bonne-Espérance, et j'en donnai le soin à Taoofa, qui parut s'enorgueillir de cette commission. Je fus bien aise que Mareewagee, à qui j'en avais fait présent, les eût dédaignés. *E'ooa* n'ayant pas encore de chiens, les moutons s'y multiplieront plus aisément qu'à *Tongataboo*.

Quand je fus de retour aux vaisseaux, on m'informa que les insulaires avaient donné des coups de massue à un de leurs compatriotes, au milieu du cercle où nous faisions des échanges; qu'ils lui avaient ouvert le crâne et cassé la cuisse, et qu'ils l'auraient laissé raide mort sur la place si nos gens ne les avaient arrêtés; que le blessé semblait devoir mourir bientôt, mais qu'on l'emporta dans une maison voisine et qu'il reprit des forces. Je demandai la raison d'un traitement si barbare, et on me dit qu'on l'avait surpris volant un cochon. Nous reconnûmes ainsi que les insulaires punissent le vol très sévèrement, au moins chez eux.

Je restai quelques jours à Eooa, et, après lui avoir fait un présent dont il me remercia grandement, nous appareillâmes, et, à l'aide d'une brise légère du sud-est, nous gouvernâmes au large. Taoofa et un petit nombre d'insulaires qui se trouvèrent sur mon bord nous quittèrent à cette époque.

Nous étions en mer depuis peu de temps, lorsque nous vîmes une pirogue à voile qui arriva de *Tonga-taboo*, et qui gagna la crique devant laquelle nous avions mouillé. Quelques heures après, une petite embarcation montée par quatre hommes se rendit à la hanche de mon vaisseau. Il faisait peu de vent, et nous étions peu éloignés de la côte. Les insulaires nous dirent que la pirogue à voile, venant de *Tongataboo*, avait apporté un ordre aux habitants d'Eooa de nous fournir un certain nombre de cochons, et que le roi et et d'autres chefs arriveraient dans deux jours: ils m'exhortèrent à revenir à notre dernier mouillage. Je n'avais aucune raison de douter de ce qu'ils me disaient, deux d'entre eux étant venus de Tongataboo sur la pirogue à voile, et ils ne s'étaient approchés de nous qu'afin de nous donner cet avis. Cependant, comme nous nous trouvions hors des terres, je crus devoir d'autant moins retourner sur mes pas que nous comptions avoir à bord assez de provisions jusqu'à notre arrivée à O-Taïti. Indépendamment de ce que je reçus en présent de Taoofa, nous achetâmes à Eooa des ignames, que nous payâmes surtout avec des petits clous ; nous y augmentâmes considérablement aussi notre supplément de cochons, mais nous en aurions obtenu un bien plus grand nombre si les chefs de *Tongataboo*, propriétaires de la plupart des richesses de l'île, avaient été avec nous. Les quatre insulaires, s'apercevant de l'inutilité de leurs instances, nous quittèrent à l'entrée de la nuit ; d'autres qui étaient venus sur deux pirogues, et qui nous avaient apporté des noix de coco et des shaddecks, qu'ils échangèrent contre des bagatelles, nous quittèrent aussi. Les naturels avaient un si grand désir de se procurer encore quelques-unes de nos marchandises, qu'ils suivirent nos vaisseaux en mer et qu'ils prolongèrent les échanges jusqu'au dernier instant. Bientôt la dernière pirogue disparut, et, la brise aidant, je fis voile vers O-Taïti.

Le 12 août, nous aperçûmes l'île Maitea. O-Taïti se montra bientôt après.

Au moment où nous approchâmes de l'île, plusieurs pirogues, conduites chacune par deux ou trois hommes, prirent la route des vaisseaux ; mais comme ces insulaires étaient des classes inférieures, Omaï ne fit point attention à eux. Les naturels ne le regardèrent pas avec plus d'empressement, et ils ne semblèrent pas même s'apercevoir qu'il fût un de leurs compatriotes ; ils lui parlèrent néanmoins quelque temps. Enfin nous vîmes arriver un chef appelé Ootee, que j'avais connu autrefois ; il était beau-frère d'Omaï, et il se trouvait par hasard dans cette partie de l'île ; trois ou quatre personnes, qui toutes avaient connu Omaï avant qu'il s'embarquât sur le bâtiment du capitaine Furneaux, l'accompagnaient. Leur entrevue n'eut rien de sensible ou de remarquable ; ils montrèrent au contraire une indifférence parfaite, jusqu'à ce qu'Omaï, ayant amené son beau-frère dans la grande chambre, ouvrit la caisse qui renfermait les plumes rouges et lui en donna quelques-unes. Les naturels, qui étaient sur le pont, apprirent cette grande nouvelle, et les affaires changèrent tout de suite de face. Ootee, qui voulait à peine parler à Omaï, le supplia de lui permettre qu'ils fussent *tayos* (amis) et qu'ils changeassent de nom. Omaï accepta cet honneur, et, pour témoigner sa reconnaissance, il fit un présent de plumes rouges à Ootee, qui envoya chercher à terre un cochon qu'il destinait à son nouvel ami. Chacun de nous sentit que ce n'était pas Omaï, mais les richesses qu'aimaient les insulaires. S'il n'eût point étalé devant eux les plumes rouges, qui sont les choses les plus estimées dans l'île, je crois qu'ils ne lui auraient pas même donné une noix de coco. C'est ainsi que se passa la première entrevue d'Omaï avec ses compatriotes. J'avoue que je m'y étais attendu ; mais j'espérais toujours qu'avec les trésors dont la libéralité de ses amis d'Angleterre l'avait chargé, il deviendrait un personnage important, que les chefs les plus distingués des diverses îles de la Société le respecteraient et lui feraient la cour. Cela serait sûrement arrivé s'il avait mis quelque prudence dans sa conduite, mais il fut loin de cet éloge ; je suis fâché de dire qu'il fit trop peu d'attention aux avis multipliés de ceux qui lui voulaient du bien, et qu'il se laissa duper par les fripons du pays.

Les amis d'Omaï publièrent dans l'île qu'il y avait des plumes rouges à bord de nos vaisseaux, et cette importante nouvelle excita les désirs de tout le monde. Le lendemain, dès le point du jour, nous fûmes environnés d'une multitude de pirogues remplies d'insulaires qui apportaient au marché des cochons et des fruits. Une quantité de plumes aussi peu considérable que celle qu'on tire d'une mésange nous procura d'abord un cochon du poids de quarante ou cinquante livres ; mais, presque tous les hommes des vaisseaux ayant en propre une pacotille quelconque de cette marchandise précieuse, sa valeur diminua de cent pour cent avant la nuit. Après cette diminution de prix, les échanges continuèrent néanmoins à nous être fort avantageux, et les plumes rouges l'emportèrent toujours sur les autres articles. Quelques-uns des naturels ne voulaient échanger un cochon que contre une hache ;

mais les clous, les grains de verre et les bagatelles de cette espèce, qui avaient eu une si grande vogue dans nos voyages antérieurs, étaient alors si méprisés qu'ils attiraient à peine les regards de quelques personnes.

Il y eut peu de vent durant toute la matinée, et nous ne mouillâmes qu'à 9 heures dans la baie, où nous amarrâmes avec deux ancres. La sœur d'Omaï arriva à bord peu de temps après. Je vis avec un extrême plaisir qu'ils se donnèrent l'un et l'autre des marques de la plus tendre affection ; il est plus aisé de concevoir que de décrire leur bonheur.

Lorsque cette scène attendrissante fut terminée, je descendis à terre avec Omaï. Je voulais surtout faire une visite à un homme que mon ami me peignait comme un personnage bien extraordinaire, car, à l'entendre dire, c'était le dieu de *Bolabola*. Nous le trouvâmes assis sous l'un de ces abris qu'offrent ordinairement leurs plus grandes pirogues. Il était avancé en âge, il avait perdu l'usage de ses membres et on le portait sur une civière. Quelques insulaires l'appelaient Olla, ou Orra, nom du dieu de *Bolabola* ; mais son véritable nom était Etary. D'après ce qu'on m'en avait dit, je comptais que le peuple lui prodiguerait une sorte d'adoration religieuse ; mais, excepté de jeunes bananiers placés devant lui et par-dessus l'abri sous lequel il était, je n'aperçus rien qui le distinguât des autres chefs. Omaï lui présenta une touffe de plumes rouges liées à l'extrémité d'un petit bâton, et, lorsqu'il eut causé quelques moments sur des choses indifférentes avec ce prétendu dieu de *Bolabola*, il remarqua une vieille femme, la sœur de sa mère, qui se précipita à ses pieds et qui les arrosa de larmes de joie.

Je le laissai avec sa tante, au milieu d'un cercle nombreux d'insulaires qui s'étaient rassemblés autour de lui, et j'allai examiner une maison qu'on m'assurait avoir été bâtie par les Espagnols. Je la trouvai à peu de distance de la grève ; les bois qui la composaient me parurent avoir été amenés dans l'île tout préparés, car chacun d'eux portait un numéro. Elle était divisée en deux petites chambres ; je remarquai, dans la seconde, un bois de lit, une table, un banc, de vieux chapeaux, et d'autres bagatelles que les naturels semblaient conserver religieusement ; ils ne prenaient pas moins de soin de la maison, qui était revêtue d'un hangar, et qui n'avait point été endommagée par le temps. Le pourtour était rempli d'écoutilles qui laissaient un passage à l'air ; peut-être étaient-ce des meurtrières par où les Espagnols voulaient tirer des coups de fusil, si jamais on les attaquait. Il y avait, assez près de la façade, une croix de bois dont la branche transversale présentait l'inscription suivante :

CHRISTUS VINCIT

Je lus sur la branche verticale :

CAROLUS III. IMPERATOR. *1774*

Afin de conserver la mémoire des voyages antérieurs

faits par les Anglais, je gravai sur l'autre côté de la croix :

GEORGIUS TERTIUS , REX

ANNIS *1767*

1769, 1773, 1774 ET *1777*

A mon retour, je trouvai Omaï entretenant une compagnie nombreuse, et j'eus bien de la peine à l'emmener à bord, où j'avais une affaire importante à régler.

Je savais qu'O-Taïti et les îles voisines nous fourniraient en abondance des noix de coco, dont l'excellente liqueur peut tenir lieu de toutes les boissons artificielles, et je désirais beaucoup retrancher le grog de l'équipage durant notre séjour ici. Mais, en supprimant cette boisson favorite des matelots sans leur en parler, je pouvais exciter un murmure général, et je crus qu'il était à propos de les assembler. Je les assemblai donc, et je leur exposai le but de notre voyage et l'étendue des opérations que nous avions encore à faire. Voulant leur inspirer du courage et de la gaieté, je leur rappelai les récompenses offertes par le Parlement aux sujets de Sa Majesté, qui découvriront les premiers dans l'hémisphère septentrional, de quelque côté que ce soit, une communication entre l'océan Atlantique et la mer Pacifique, ou à ceux qui pénétreront au delà du quatre-vingt-neuvième degré de latitude nord. Je leur dis que je ne doutais pas de leur bonne volonté, qu'ils feraient sûrement tous leurs efforts pour mériter l'une de ces récompenses et même toutes les deux, mais que, pour avoir plus de moyens de réussir, il fallait ménager avec un soin extrême nos munitions et nos vivres, et principalement ces derniers, puisque, selon les apparences, nous ne pourrions pas en embarquer de nouveaux après notre départ des îles de la Société. Pour donner encore plus de poids à mes arguments, je leur observai qu'il était impossible de gagner cette année les hautes latitudes septentrionales, et que notre expédition excéderait au moins d'une année la durée sur laquelle nous avions compté d'abord. Je les priai de songer aux obstacles et aux difficultés que nous rencontrerions inévitablement, et à tout ce qu'ils auraient à souffrir d'ailleurs, s'il devenait nécessaire de diminuer leur ration, sous un climat froid. Je les exhortai à peser ces solides raisons, à voir s'il ne valait pas mieux être prudent de bonne heure que courir les risques de n'avoir point de liqueurs fortes dans un temps où elles seraient le plus utiles, s'ils ne devaient pas consentir qu'on retranchât leur grog, maintenant que nous avions du jus de coco pour le remplacer. J'ajoutai qu'après tout je les laissai les maîtres de prononcer sur ce point.

J'eus la satisfaction de voir qu'ils ne délibérèrent pas un moment ; ils approuvèrent mon projet d'une voix unanime et sans faire aucune objection. J'ordonnai au capitaine Clerke de proposer la même chose à son équipage, qui s'imposa d'aussi bon cœur la même abstinence. On ne servit donc plus de grog, excepté les samedis au soir ; nous en donnions ce jour-là une ration à nos gens, afin qu'ils puissent boire à la santé de leurs amis d'Angleterre.

Je fis un séjour de très peu de durée dans cette île, et, ayant renouvelé mes approvisionnements, nous mîmes à la voile et nous gouvernâmes sur la baie de *Matavaï*, où la *Résolution* mouilla dans la soirée; la *Découverte* n'y arriva que le lendemain.

Otoo, roi de l'île entière d'O-Taïti, suivi d'une multitude de pirogues remplies de naturels, arriva d'*Oparre*, lieu habituel de sa résidence, à 9 heures du matin, et, après avoir débarqué sur la pointe *Matavaï*, il m'avertit par un exprès qu'il désirait beaucoup me voir. Je descendis à terre, accompagné d'Omaï et de plusieurs de mes officiers. Je m'approchai tout de suite du monarque, et je le saluai. Omaï se jeta à ses pieds et embrassa ses genoux; il avait eu soin de mettre son plus bel habit, et il se conduisit de la manière la plus respectueuse et la plus modeste. On fit cependant peu attention à lui; l'envie eut peut-être quelque part à ce froid accueil. Il offrit au roi une grosse touffe de plumes rouges et deux ou trois verges de drap d'or. De mon côté, je donnai au prince un vêtement de belle toile, un chapeau brodé d'or, des outils et, ce qui était plus précieux encore, des plumes rouges et un des bonnets que portent les naturels des îles des Amis.

Le roi et la famille royale m'accompagnèrent à bord, suivis de plusieurs pirogues chargées de toute espèce de provisions, en assez grande abondance pour nourrir une semaine les équipages des deux vaisseaux. Les divers membres de la famille royale indiquèrent telle portion qu'ils avaient fournie, et je leur fis à chacun un présent, ce qu'ils désiraient. La mère du roi, qui ne s'était pas trouvée là à la première entrevue, arriva près de nous bientôt après ; elle apportait des provisions et des étoffes, qu'elle distribua à Omaï et à moi. Quoique Omaï eût d'abord attiré faiblement les regards, les insulaires recherchèrent son amitié dès qu'ils connurent ses richesses. J'entretins cette disposition autant que je le pus, car je désirais le fixer près d'Otoo. Comme j'avais le dessein de laisser dans cette île les animaux que j'amenais d'Europe, je pensai qu'il serait en état de diriger un peu les habitants sur les soins qu'ils devaient en prendre et sur l'usage auquel ils pourraient les employer. Je prévoyais d'ailleurs que plus il serait éloigné de sa patrie, plus il serait considéré. Malheureusement le pauvre Omaï ne profita point de mon avis, et il se conduisit avec tant d'imprudence qu'il ne tarda pas à perdre l'amitié d'Otoo et de tous les O-Taïtiens d'un rang distingué. Il ne fréquenta que des vagabonds et des étrangers qui cherchaient sans cesse à le duper, et, si je n'étais pas intervenu à propos, ils l'auraient dépouillé complétement. Il s'attira la malveillance des principaux chefs, qui s'aperçurent qu'ils n'obtenaient pas de moi, ou de mes gens, des articles aussi précieux que ceux dont Omaï faisait présent aux gens du peuple ses camarades.

Dès que nous eûmes dîné, je ramenai Otoo à Oparre. Je pris avec moi les volailles dont je voulais enrichir cette terre. J'emportai un paon et sa femelle, que milord Bemborough avait eu la bonté de m'envoyer pour les O-Taïtiens, peu de jours avant mon départ de Londres, un coq d'Inde et une poule, quatre oies, un mâle et trois femelles, un canard mâle et quatre femelles. Je déposai toutes ces volailles à Oparre, et je les donnai à Otoo ; elles couvaient déjà lorsque nous quittâmes l'île. Nous y trouvâmes une oie mâle dont le capitaine Wallis avait fait présent à Oberea, plusieurs chèvres et le taureau espagnol, qu'on tenait attaché à un arbre près de la maison d'Otoo. Je n'ai jamais vu un plus bel animal de cette espèce. Il appartenait alors à *Etary*, et on l'avait amené d'*Oheitepeha* dans cet endroit afin de l'embarquer pour Bolabola ; mais je ne puis concevoir comment on était venu à bout de le transporter sur une des pirogues du pays. Au reste, si nous n'étions pas arrivés à O-Taïti, il eût été bien inutile, car il manquait de vaches. Le lendemain j'envoyai les trois vaches que j'avais à bord ; je fis également conduire dans la baie de Matavaï le taureau, le cheval, la jument et les moutons que je destinais aux O-Taïtiens.

Je me trouvai débarrassé d'un soin bien incommode. Il est difficile de concevoir la peine et l'embarras que me causa le transport de ces animaux ; mais, satisfait d'avoir pu remplir les vues bienfaisantes de Sa Majesté qui voulait enrichir deux peuplades si dignes d'intérêt, je me crus bien dédommagé de toutes les inquiétudes auxquelles j'avais été en proie, tant qu'il resta quelque chose à faire sur cet objet secondaire de mon voyage.

Comme je me proposais de relâcher quelque temps ici, on établit les deux observatoires sur la pointe Matavaï; on dressa dans les environs deux tentes où devaient coucher les soldats de garde et ceux de nos gens qu'il conviendrait de laisser à terre. Je donnai le commandement de ce poste à M. King, qui se chargea en même temps de suivre les observations nécessaires pour déterminer le mouvement journalier du garde-temps. Durant notre séjour à O-Taïti, nous nous occupâmes de divers ouvrages devenus indispensables. On porta à terre le grand mât de la *Découverte*, et on le répara si bien qu'il paraissait sortir du chantier; on répara également les voiles et les futailles, on calfata les vaisseaux et on examina les agrès; on inspecta aussi le biscuit que nous avions en caisse, et j'eus le plaisir d'apprendre qu'il y en avait peu d'endommagé.

Je fis ensuite défricher une pièce de terre, où je plantai plusieurs graines de jardinage et quelques arbres fruitiers; je suis persuadé que les naturels en prendront peu de soin. Au moment où nous partîmes, les melons, les patates et les pommiers de pin poussaient de manière à me donner les plus belles espérances.

J'avais apporté plusieurs autres graines, que je semai également dans le jardin que je venais de former.

Mes graines et mes arbres ne manqueront pas de réussir, à moins que la curiosité prématurée des O-Taïtiens, qui a détruit un cep de vigne planté par les Espagnols à Oheitepeha, n'arrête leur développement.

Quelques insulaires s'assemblèrent pour goûter les premiers raisins que porta la vigne, et, les grappes se trouvant encore âpres, ils jugèrent que c'était une espèce de poison, et ils résolurent de fouler aux pieds le cep. Omaï, ayant rencontré ce cep par hasard, fut enchanté de sa découverte, car il était persuadé que s'il avait une fois des raisins, il lui serait aisé de faire du vin. Il se hâta d'en couper plusieurs tiges qu'il voulait emporter dans sa patrie; nous taillâmes le cep, qui n'était pas déraciné, et nous fossoyâmes le terrain dans les environs. Il est probable que les habitants de l'île, devenus plus sages par les instructions d'Omaï, laisseront mûrir le fruit et qu'ils ne le condamneront plus d'une manière si précipitée.

Quarante-huit heures après notre arrivée dans la baie de *Matavaï*, nous reçûmes la visite de nos anciens amis, dont parle la relation de mon Second Voyage. Aucun d'eux ne se présenta les mains vides, et nous eûmes des provisions par delà ce qu'il nous en fallait.

Nous restâmes trois mois à O-Taïti, pendant lesquels je renouvelai mes approvisionnements et me mis en mesure de continuer avec une égale chance mon voyage autour du monde.

CHAPITRE VIII.

En quittant *Bolabola*, je mis le cap au nord et je serrai le vent, qui soufflait entre le nord-est et l'est, car nous ne l'eûmes presque jamais au sud de l'est qu'après avoir passé la ligne et atteint les latitudes septentrionales. Ainsi la route qui nous menait à notre but fut toujours l'ouest du nord, et quelquefois nord-ouest seulement.

Les dix-sept mois qui s'étaient écoulés depuis notre départ d'Angleterre n'avaient pas été mal employés ; mais je sentais que mon voyage ne faisait que commencer, relativement au principal objet de mes instructions, et je crus devoir redoubler d'efforts et d'attention sur tout ce qui pouvait assurer notre conservation et le succès de notre entreprise. J'avais examiné l'état de nos munitions durant notre relâche à O-Taïti, et, dès que je fus hors du groupe de *la Société* et que j'en eus dépassé les parages où se trouvent les découvertes de

ma première et de ma seconde expédition, j'ordonnai
l'inventaire des approvisionnements du maitre d'équipage et du charpentier, afin de connaître bien en détail
la quantité et la qualité de chaque article et d'en régler
l'usage de la manière la plus convenable.

Durant notre séjour aux îles de *la Société*, je ne
perdis aucune occasion de demander aux naturels s'il y
avait des îles au nord ou au nord-ouest de leur groupe;
mais je ne m'aperçus pas qu'ils en connussent une
seule.

Nous continuâmes donc notre route, et, le 24 décembre, nous découvrîmes une terre. Nous reconnûmes,
en nous approchant, que c'était une des îles basses si
communes dans cet océan, c'est-à-dire une bordure
étroite de terre qui renfermait une lagune d'eau de
mer. Ayant trouvé des sondes, je résolus de mouiller,
afin de me procurer des tortues; cette terre semblait
devoir en fournir, et elle n'était pas habitée. Nous
jetâmes l'ancre, en effet, par trente brasses, et l'un de mes
canots alla voir si le débarquement était praticable, ce
dont je doutais, car la mer produisait un ressac terrible
sur toute la côte. L'officier que j'avais chargé de cette
mission me dit, à son retour, qu'il n'avait point aperçu
d'endroit où un canot pût débarquer, mais que les bas-
fonds, en dehors des brisants, offraient une quantité
considérable de poissons.

Le lendemain, à la pointe du jour, deux canots, l'un
de la *Résolution* et l'autre de la *Découverte*, allèrent

examiner de nouveau s'il n'y avait point de lieu propre au débarquement ; un troisième et un quatrième établirent en même temps leurs grappins près de la côte : ils pêchèrent, et ils revinrent, vers les 8 heures, avec plus de deux cents livres de poissons. Encouragé par ce succès, je les renvoyai à la pêche après le déjeuner, et ils rapportèrent encore une quantité considérable de poissons et de tortues.

Nous n'aperçûmes pas dans cette île la plus légère trace d'un être humain ; et si l'un des habitants des terres voisines avait le malheur d'être jeté ou abandonné sur celle-ci, il lui serait extrêmement difficile de prolonger son existence. On y trouve, il est vrai, une quantité considérable d'oiseaux et de poissons, mais on n'y voit rien qui puisse servir à étancher la soif et on n'y découvre aucun végétal qui puisse tenir lieu de pain. En relâchant ici, on ne doit donc espérer que des poissons ou des tortues, mais on peut compter sur une quantité considérable de ces deux articles. Nous célébrâmes ici la fête de Noël, et je donnai à cette terre le nom d'*île de Noël*. Je juge qu'elle a quinze ou vingt lieues de circonférence; elle me paraît dessinée en demi-cercle, ou présenter la forme de la lune lorsque cette planète se trouve dans le dernier quartier.

L'île de *Noël*, comme la plupart des autres terres de cet océan, est bordée d'un récif de rochers de corail qui se prolonge à peu de distance de la côte. Il y a, en dehors de ce récif, un banc de joli sable fin.

Le 2 janvier 1778, nous appareillâmes à la pointe du jour et nous reprîmes la route du nord. Nous eûmes un beau temps et une jolie brise, et, à quelques heures seulement de l'île de Noël que nous venions de quitter, nous découvrions une autre terre, et, à peine à portée, nous vîmes qu'elle était habitée, car quelques pirogues se détachèrent du rivage pour venir aux vaisseaux. Je mis en panne tout de suite, afin de leur permettre de nous rejoindre. Ces embarcations portaient chacune de trois à dix hommes, et nous fûmes agréablement surpris de les entendre parler la langue d'*O-Taïti* et des diverses îles où nous avions relâché. Ils consentirent sans peine à se placer à la hanche de la *Résolution*, mais nos invitations et nos caresses ne purent les déterminer à monter à bord. J'attachai à une corde des médailles de cuivre que je jetai dans une des pirogues; ils acceptèrent mon présent et ils attachèrent à la même corde du maquereau qu'ils me prièrent de recevoir en retour. Je leur donnai de plus, par l'entremise de la corde, de petits clous ou des morceaux de fer, dont ils faisaient plus de cas que de toute autre chose; ils m'envoyèrent aussi, de leur côté, une quantité plus considérable de poissons et une patate douce : indice certain qu'ils connaissaient les échanges, ou du moins qu'ils rendaient un présent pour un autre.

Nous n'aperçûmes dans leurs pirogues que de larges citrouilles et une espèce de filet de pêche; mais l'un d'eux nous proposa d'acheter la pièce d'étoffe qu'il portait autour de ses reins, selon l'usage des îles de la *Société*. Ils avaient la peau brune, et, quoique de taille ordinaire, ils étaient très robustes. Leur teint offrait peu de nuances, mais leurs traits n'avaient pas du tout d'uniformité ; le visage de quelques-uns ressemblait assez à celui des Européens. La chevelure de la plupart était courte ; d'autres l'avaient flottante, et un petit nombre la portaient relevée sur le sommet de la tête ; elle paraissait naturellement noire.

Le lendemain matin nous atteignîmes la terre et nous rencontrâmes plusieurs pirogues. Les insulaires qui les montaient prirent courage et ils se hasardèrent à venir à bord.

Je n'avais jamais vu, dans mes voyages, d'hommes aussi étonnés que ceux-ci à l'aspect d'un vaisseau ; leurs yeux allaient continuellement d'un objet à l'autre, l'admiration était peinte sur leur physionomie et dans leurs gestes. Nous jugeâmes que tout ce qui frappait leurs regards était nouveau pour eux, qu'ils n'avaient point reçu jusqu'ici la visite d'aucun Européen, et qu'excepté le fer, ils ne connaissaient aucune de nos marchandises. Il était clair néanmoins qu'ils en avaient seulement entendu parler ou qu'on leur en avait apporté jadis une petite quantité, mais qu'il s'était écoulé bien du temps depuis cette époque. Ils semblaient savoir que c'était une substance beaucoup plus propre à tailler des corps ou à percer des trous que celles dont ils faisaient usage. Ils nous en demandèrent sous le nom de *hamaïte* : c'est vraisemblablement le terme qu'ils emploient pour désigner un instrument auquel on peut employer le fer d'une manière utile ; ils l'appliquaient en effet à la lame d'un couteau.

Nous reconnûmes toutefois qu'ils n'avaient aucune idée de nos couteaux et qu'ils ne savaient pas du tout les manier. Par la même raison, ils appelaient souvent le fer du nom de *roë*, qui, dans leur langue, signifie une petite hache, ou plutôt une herminette. Nous leur dîmes de nous expliquer ce que c'était que le fer, et ils nous répondirent sur-le-champ : Nous n'en savons rien, vous savez vous-mêmes ce que c'est ; nous n'en avons d'autre idée que celle du *roë* ou de l'*hamaïte*. Lorsque nous leur montrâmes des grains de verre, ils nous demandèrent ce que c'était, et s'ils devaient les manger. Nous les avertîmes qu'ils devaient les suspendre à leurs oreilles, et ils nous les rendirent comme une chose inutile ; ils ne firent pas plus de cas d'un miroir que nous leur offrîmes, et qu'ils nous rendirent pour le même motif ; mais ils témoignèrent un grand désir d'avoir de l'*hamaïte* ou du *roë*, et ils le voulaient en gros morceaux. Les assiettes de faïence, les tasses de porcelaine et les autres meubles de cette espèce étaient si nouveaux pour eux qu'ils nous demandèrent si on les faisait avec du bois ; ils nous prièrent de leur en donner des échantillons, qu'ils désiraient montrer à leurs compatriotes. Il avaient, à quelques égards, une politesse naturelle qui nous charma ; ils craignaient beaucoup de nous offenser. Ils nous demandèrent où ils devaient s'asseoir, s'ils pouvaient cracher sur le pont, et ils nous montrèrent de la délicatesse de toute manière. Quelques-uns répétèrent une longue prière avant de venir à bord ; plusieurs chantèrent et firent avec leurs mains des gestes pareils à ceux que nous avions vus souvent dans les danses des îles *des Amis* et de *la Société*. Ils ressemblaient parfaitement, sous un second rapport, aux insulaires de ces deux groupes. Dès qu'ils vinrent au vaisseau, ils s'efforcèrent de voler toutes les choses qui se trouvaient près d'eux, ou plutôt ils les prirent sans se cacher, comme s'ils avaient été sûrs de ne point nous fâcher ou de ne pas être punis. Nous ne tardâmes pas à les détromper, et, s'ils devinrent ensuite moins empressés à se rendre maîtres de tout ce qui excitait leurs désirs, c'est parce qu'ils se virent surveillés de près.

Nous débarquâmes, et les échanges commencèrent. Les naturels nous vendirent des cochons et des patates, que nous payâmes avec des clous et des morceaux de fer, grossièrement taillés, en forme de ciseaux. Nous fîmes de l'eau sans aucun obstacle ; les gens du pays nous aidèrent, au contraire, à rouler les futailles, et ils nous rendirent de bon cœur les services que nous leur demandions. Comme tout se passait à ma satisfaction, et que ma présence à l'aiguade n'était pas nécessaire, je laissai le commandement à M. Williamson, et je remontai la vallée accompagné de M. Anderson et de M. Webber ; le premier se disposait à écrire et le second à dessiner tout ce que nous rencontrerions digne de remarque. Une troupe nombreuse d'insulaires nous suivait, et je choisis pour notre guide l'un d'eux qui avait mis beaucoup d'activité à maintenir le bon ordre. Il annonçait de temps en temps notre approche, et les personnes que nous rencontrions se prosternaient la face contre terre ; elles demeuraient dans cette posture jusqu'à ce que nous eussions passé. Je sus, par la suite, qu'ils observent ce cérémonial respectueux envers leurs grands chefs.

Nous fîmes donc notre excursion dans l'intérieur de l'île, et, lorsque nous eûmes examiné soigneusement tout ce qui se trouvait aux environs, nous retournâmes à nos canots, en suivant un chemin différent de celui par lequel nous étions venus. Il y avait une foule nombreuse rassemblée sur la grève ; nos gens achetaient des insulaires des cochons de lait, des volailles et des racines, et une loyauté extrême présidait aux échanges ; je ne m'aperçus pas néanmoins qu'aucun des naturels fît la police. A midi j'allai dîner à bord, et M. King se rendit à terre pour commander le détachement qui y était. Il devait s'y rendre le matin, mais des observations de lune le retinrent au vaisseau. Dans l'après-midi je débarquai de nouveau avec le capitaine Clerke : nous voulions examiner une seconde fois l'intérieur du pays, mais la nuit survint avant que nous pussions exécuter notre projet ; j'y renonçai pour le moment, et il ne se présenta pas ensuite d'occasion de l'effectuer. Je ramenai tout le monde à bord au coucher du soleil.

Plusieurs pirogues vinrent encore, le lendemain matin, à la hanche de nos vaisseaux, et elles échangèrent les racines et les autres articles qui formaient leur cargaison. Toujours éloigné de croire que cette peuplade était cannibale, malgré les doutes que nous avions, je profitai de l'occasion pour faire de nouvelles recherches sur cette matière. Nous avions acheté un petit instrument de bois, garni de dents de requin ; il ressemblait un peu à la scie ou au couteau dont se servent les naturels de la *Nouvelle-Zélande* pour disséquer les corps de leurs ennemis, et nous pensâmes qu'il avait peut-être le même usage. L'un des insulaires nous apprit tout de suite le nom de l'instrument ; il nous dit qu'il servait à découper le ventre d'un homme ou d'une femme tués. Sa réponse expliquant et confirmant les idées que nous avait données le naturel qui toucha son ventre, je lui demandai si ses compatriotes mangeaient la partie qu'ils découpaient ainsi, et il déclara que non d'une manière très positive. Je lui fis une seconde fois la même question ; alors il parut effrayé, et il gagna la pirogue à la nage. Au moment où il l'atteignait, il exprima par des gestes l'usage de l'instrument. Nous demandâmes aussi à un vieillard qui était assis sur le devant de la pirogue, s'ils mangeaient de la chair humaine ; il répondit qu'oui et il se mit à rire, comme s'il se fût moqué de la simplicité de notre question. Nous lui proposâmes la même question une seconde fois ; il fit la même réponse et il ajouta que c'était un excellent mets, et, pour me servir

de ses propres expressions, *un manger savoureux.*
.... Le lendemain matin nous remîmes à la voile et nous nous éloignâmes de ce groupe d'îles, auquel j'ai donné le nom d'îles *Sandwich* en l'honneur du comte de Sandwich.

CHAPITRE IX.

Les vaisseaux ayant trouvé un excellent abri dans une entrée dont les côtes paraissaient habitées par une peuplade douce et paisible qui nous donnait lieu d'espérer un commerce amical, je cherchai, dès le lendemain du jour où nous mouillâmes, c'est-à-dire le 30 mars 1778, un havre commode où nous pussions nous établir durant notre relâche. Trois canots armés partirent pour le service, sous le commandement de M. King ; et bientôt après je partis de mon côté, afin d'examiner moi-même quel serait le lieu le plus propre à mon objet. Je n'eus pas de peine à trouver ce que nous désirions. Je rencontrai, au nord-ouest du bras que nous occupions, et non loin des vaisseaux, une anse bien fermée et convenable de tout point. M. King ne fut pas moins heureux, car il découvrit et il examina un havre, meilleur encore, au côté nord-ouest de la terre ; il aurait fallu plus de temps pour nous y rendre, et je me déterminai en faveur de l'anse qui était à notre portée. Craignant de ne pouvoir y mener et y amarrer les vaisseaux avant la nuit, je crus devoir demeurer jusqu'au lendemain à l'endroit où nous étions, et, afin de ne point perdre de temps, j'employai le reste de la journée à des travaux utiles ; j'ordonnai de déverguer les voiles, d'abattre les mâts de hune, de dégréer le mât de misaine de la *Résolution* et d'y faire la réparation dont il avait besoin.

Une multitude de pirogues environnèrent les vaisseaux toute la journée ; les échanges commencèrent entre les naturels et nous, et l'honnêteté la plus rigoureuse présida à ce commerce. Ils offrirent de nous vendre des peaux de différents quadrupèdes, des ours, des loups, des renards, des daims, des lapins des Indes, des putois, des martres, et en particulier des loutres de mer qu'on trouve aux îles situées à l'est du Kamtschatka. Outre ces peaux dans leur état naturel, ils nous apportèrent aussi des vêtements de la même substance et une autre espèce d'habit d'écorce d'arbre ou d'un gramen qui ressemble au chanvre ; des arcs, des traits et des piques ; des hameçons de pêche et des instruments de diverses sortes ; des figures monstrueuses ; une espèce d'étoffe de poil ou de laine ; des sacs remplis d'ocre rouge, des morceaux de bois sculpté, des grains de verre et plusieurs colifichets de cuivre et de fer qui ont la forme d'un fer à cheval et qu'ils suspendent à leur nez ; des ciseaux ou des outils de fer établis sur des manches.

Ces métaux nous firent croire qu'ils avaient reçu la visite des navigateurs d'une nation civilisée, ou qu'ils avaient eu des liaisons avec les tribus du continent d'Amérique qui fréquentent les Européens. Des crânes et des mains d'hommes, qui n'étaient pas encore dépouillés de leur chair, furent ce qui nous frappa le plus parmi les choses qu'ils nous offrirent : ils nous firent comprendre, d'une manière claire, qu'ils avaient mangé ce qui manquait ; et nous reconnûmes, en effet, que ces crânes et ces mains avaient été sur le feu.

Malheureusement plusieurs raisons nous donnèrent lieu de penser que cette peuplade mange ses ennemis, selon l'usage des habitants de la Nouvelle-Zélande et de quelques autres îles de la mer du Sud.

Ils échangèrent leurs marchandises contre des couteaux, des ciseaux, des morceaux de fer ou d'étain, des clous, des miroirs, des boutons ou du métal de quelque espèce qu'il fût. Ils ne montrèrent aucun désir pour les grains de verre et ils rejetèrent toutes nos étoffes.

La journée du 31 se passa à remorquer les vaisseaux dans l'anse et à les amarrer de l'avant et de l'arrière.

La *Résolution* ayant beaucoup de voies d'eau dans ses œuvres mortes, j'ordonnai aux charpentiers de la calfater et de réparer les autres avaries qu'ils découvriraient en l'examinant.

La nouvelle de notre arrivée attira un concours nombreux de naturels durant cette journée. Il y eut un moment où nous fûmes environnés de plus de cent pirogues, dans chacune desquelles nous pûmes, en prenant un terme moyen, supposer cinq personnes; en effet, quelques-unes en contenaient trois, mais on en comptait six ou sept dans un grand nombre et dix-sept sur une seule. Plusieurs des sauvages montèrent à bord; ils s'approchèrent de nous en prononçant des harangues et en faisant toutes sortes de gestes. Si nous leur inspirâmes d'abord de la défiance ou de la crainte, ils ne paraissaient plus éprouver l'un ou l'autre de ces sentiments, car ils se réunirent sur le pont et se mêlèrent avec les matelots, de la manière la plus franche et la plus libre. Nous ne tardâmes pas à découvrir qu'ils étaient aussi habiles filous qu'aucune des peuplades que nous avions rencontrées ; ils étaient même plus dangereux sur ce point, car, possédant des instruments et des outils en fer, ils coupaient le croc d'un palan, ou ils enlevaient le fer des cordages, dès que nous cessions un moment de les surveiller. C'est ainsi qu'ils nous volèrent un large croc du poids de vingt à trente livres, d'autres d'une moindre grandeur et diverses ferrures. Nous eûmes en vain la précaution de laisser des hommes de garde dans nos canots, ils y prirent tous les morceaux de fer qui valaient la peine d'être emportés. Ils combinaient leurs larcins avec assez de dextérité ; voici comment ils s'y prenaient : l'un d'eux amusait la sentinelle à l'une des extrémités de nos embarcations, tandis qu'un de ses camarades arrachait le fer à l'autre extrémité. Si nous nous apercevions du vol tout de suite, nous découvrions le voleur sans beaucoup de peine, et ils étaient toujours prêts à s'accuser mutuellement. Mais, en général, les coupables abandonnaient leur proie avec répugnance, et nous fûmes obligés quelquefois de recourir à la force.

Les vaisseaux étant bien amarrés, nous nous occupâmes le lendemain de quelques ouvrages indispensables. Les observatoires furent débarqués, et établis sur un rocher élevé, à l'un des côtés de l'anse, près de la *Résolution*. On alla couper du bois et faire de l'eau ; enfin les forgerons travaillèrent aux ferrures des différents mâts, dont plusieurs parties avaient éclaté.

Les naturels venaient nous voir en foule, et nous apercevions tous les jours de nouvelles figures. Ils faisaient d'abord, en pirogues, le tour de la *Résolution* et de la *Découverte,* et, durant cet intervalle, un chef ou un de leurs grands personnages se tenait debout sur son embarcation, une pique ou une arme quelconque à la main, et il ne cessait de parler, ou plutôt de crier.

L'orateur avait quelquefois le visage couvert d'un masque, qui offrait la figure d'un homme ou celle d'un animal, et, au lieu d'une arme, il avait à la main un des grelots dont j'ai parlé plus haut. Après avoir décrit un cercle autour de nous, ils arrivaient à la hanche des vaisseaux et ils commençaient les échanges, sans autres

cérémonies. Très souvent néanmoins, ils nous régalaient
d'une chanson à laquelle l'équipage entier d'une pirogue prenait part, ce qui produisait une harmonie
d'un heureux effet.

Durant ces visites, ils ne nous donnèrent aucune
autre peine que celle de contenir leur disposition au
vol ; mais, le 4 au matin, nous eûmes une alarme sérieuse. Le détachement envoyé à terre pour faire l'eau
et le bois vit que tous les naturels des environs s'armaient avec un soin extrême ; ceux qui n'avaient pas
des armes bien meurtrières préparaient des bâtons et
rassemblaient des cailloux. Instruit de leurs préparatifs,
je crus devoir armer de mon côté ; mais, ayant résolu
de me tenir sur la défensive, j'ordonnai aux travailleurs d'abandonner le terrain où les sauvages s'étaient
rassemblés, et de se retirer au sommet du rocher, où
se trouvaient les observatoires : les guerriers de la
contrée n'étaient qu'à une portée de pierre de l'arrière
de la *Résolution*. Nos craintes étaient mal fondées :
ils ne songeaient pas à nous, mais ils voulaient se défendre contre une tribu de leurs compatriotes qui venait
les attaquer ; ceux d'entre eux qui avaient formé avec
nous des liaisons d'amitié, apercevant notre inquiétude, mirent tout en usage afin de nous convaincre
qu'ils n'avaient pas d'autre projet. Nous remarquâmes
qu'ils avaient des sentinelles dans chaque point de
l'anse, et que les pirogues allaient souvent porter des
avis et des instructions au grand corps assemblé près

es vaisseaux. Enfin l'ennemi, dispersé sur environ douze grosses pirogues, parut en travers de la pointe méridionale de l'anse, où il s'arrêta et où il demeura rangé en bataille, parce qu'une négociation avait commencé. Quelques-uns des négociateurs passèrent en pirogues entre les deux troupes, et il y eut de part et d'autre plusieurs discours de prononcés. Enfin la querelle, quel qu'en fût le sujet, parut arrangée ; mais on ne permit aux étrangers ni de venir à la hanche des vaisseaux, ni de faire des échanges, ni de communiquer avec nous. Nous étions vraisemblablement la cause de la dispute ; les étrangers désiraient peut-être partager les avantages du petit commerce que nous faisions sur la côte, et les habitants de l'Entrée voulaient garder pour eux seuls cette aubaine. Nous en eûmes d'ailleurs diverses preuves ; il parut même que les habitants de l'Entrée n'étaient pas unis, car les plus faibles étaient souvent obligés de céder au parti le plus fort, et dépouillés de tous leurs biens, sans qu'ils opposassent la moindre résistance.

..... Du moment où nous arrivâmes dans l'Entrée jusqu'à ce jour, le temps fut très beau et nous n'eûmes ni vent ni pluie ; nous perdîmes cet avantage lorsqu'il nous eût été le plus utile.

Le 8 au matin, le vent fraîchit au sud-est, le ciel devint très brumeux, et il tomba de la pluie. La force du vent augmenta l'après-dîner, et il souffla sur le soir avec violence. Des rafales extrêmement lourdes venaient de la haute terre qu'offrait la côte opposée à l'anse où nous mouillions, et, quoique les vaisseaux fussent bien amarrés, ils coururent quelques dangers.

Le mauvais temps n'empêcha pas toutefois les naturels de venir nous voir chaque jour, et, dans la position où nous nous trouvions, leurs visites nous furent très avantageuses; car ils nous apportèrent souvent une quantité assez considérable de poissons, à des époques où nous ne pouvions en prendre nous-mêmes à l'hameçon et à la ligne, et il n'y avait pas près de nous d'endroit convenable pour pêcher au filet. Ils nous vendirent ordinairement des sardines, ou une petite brême qui ressemble beaucoup aux sardines, et quelquefois une petite morue.

Quelques jours après, une troupe d'étrangers arrivèrent dans l'anse sur six ou huit pirogues : ils examinèrent quelque temps nos vaisseaux, et ils se retirèrent ensuite, sans venir à la hanche de la *Résolution* ou à celle de la *Découverte*. Nous crûmes que les habitants de l'Entrée, qui se trouvaient en grand nombre autour de nous, ne leur permettraient pas d'approcher. J'ai déjà observé que la peuplade établie sur les rives de l'anse où nous mouillions voulait seule jouir des avantages de notre commerce, et, si elle permettait quelquefois à des sauvages voisins de faire des échanges avec nous, elle avait l'adresse de tenir à haut prix les choses qu'elle nous cédait, et de diminuer chaque jour la valeur de ce que nous donnions de notre côté. Nous reconnûmes que la plupart des naturels de distinction qui vivaient près de nous allaient revendre aux tribus éloignées les articles qu'ils recevaient aux vaisseaux ; car nous nous aperçûmes qu'ils disparaissaient souvent durant quatre ou cinq jours, et qu'ils revenaient avec de nouvelles cargaisons de peaux et d'ouvrages du pays, dont ils se défaisaient toujours à bon compte, vu la passion de nos équipages pour ces bagatelles. Mais ceux qui venaient nous voir tous les jours nous furent plus utiles ; après avoir échangé les bagatelles qu'ils nous apportaient, ils s'occupaient de la pêche, et nous ne manquions jamais d'obtenir une portion de ce qu'ils prenaient. Ils nous vendirent d'ailleurs une quantité considérable d'une huile très bonne, qu'ils gardaient dans des vessies ; quelques-uns essayèrent de nous tromper en mêlant de l'eau avec l'huile, et une fois ou deux ils portèrent la friponnerie et l'adresse jusqu'à remplir leurs vessies d'eau pure, sans y mettre une seule goutte d'huile. Il valait mieux supporter ces tromperies que d'en faire le sujet d'une querelle, car nous ne leur donnions guère en échange que des objets de peu de valeur, encore ne savions-nous pas comment entretenir notre fonds. Ils estimaient peu les grains de verre et les autres joujoux qui me restaient ; ils ne demandaient que des métaux, et le cuivre était alors plus recherché que le fer : avant de quitter cette station, on en trouvait à peine quelques pièces dans les vaisseaux, excepté celui des meubles et des outils qui nous étaient absolument nécessaires. Pour satisfaire les naturels, nous leur cédâmes tous les boutons de plusieurs de nos habits, nous enlevâmes la garniture de nos bureaux, nous leur vendîmes des chaudrons de cuivre, des théières et des vases d'étain, des chandeliers et d'autres choses pareilles dont nous faisions usage, en sorte que les Américains de cette partie du monde ont reçu de nous des ouvrages plus variés qu'aucune des peuplades parmi lesquelles nous avons abordé dans le cours du voyage.

Le temps devint beau le 19, après avoir été mauvais quinze jours : nous en profitâmes pour changer et remettre la mâture de nos vaisseaux. Nos gros travaux se trouvant à peu près terminés le 20, je voulus reconnaître chacune des parties de l'Entrée. Je me rendis d'abord à la pointe occidentale, où je rencontrai une bourgade précédée d'une anse bien fermée dans laquelle la sonde rapportait de neuf à quatre brasses, fond de joli sable. Les habitants de ce village, qui étaient fort nombreux et dont je connaissais la plupart, me reçurent d'une manière très amicale; chacun d'eux me pressa d'entrer dans sa maison ou plutôt dans son appartement, car plusieurs familles vivent sous le même toit. J'acceptai leur invitation, et ces hommes hospitaliers étendirent devant moi une natte sur laquelle ils me prièrent de m'asseoir; ils me donnèrent toutes sortes de marques de politesse. Je vis, dans la plupart des maisons, des femmes qui fabriquaient des étoffes avec des plantes et de certaines écorces : elles suivaient en cela exactement le procédé des insulaires de la Nouvelle-Zélande ; d'autres étaient occupées à ouvrir des sardines. Des pirogues venaient de débarquer sur la grève une quantité considérable de ce poisson, lequel fut distribué à mesure à plusieurs personnes qui l'emportèrent dans leurs habitations, où elles le fumèrent de la manière que je vais décrire. Ils suspendent les sardines à de petites baguettes, d'abord à environ un pied du feu ; ils les placent ensuite plus loin, et plus loin encore, pour faire place à d'autres, jusqu'à ce que les dernières baguettes touchent le sommet de la cabane. Lorsque les sardines sont bien sèches, ils les détachent, ils en font des ballots, et ils ont soin de les couvrir de nattes afin de les comprimer : ils les gardent pour le temps où ils en auront besoin. Les sardines ainsi préparées ne sont pas désagréables. Ils préparent de la même manière la morue et d'autres gros poissons ; mais ils se contentent quelquefois de les sécher en plein air sans les approcher du feu.

De ce village je remontai la bande occidentale de l'Entrée. La côte, dans l'espace d'environ trois milles, est couverte d'îlots, qui offrent plusieurs havres commodes. J'examinai quelques-uns de ces îlots, et passai ensuite sur l'autre côté, c'est-à-dire sur la bande orientale. Là je traversai un bras de mer, et vis sur le continent un village où je débarquai ; les habitants n'avaient pas la politesse de ceux de la bourgade que je venais de visiter. J'attribuai en grande partie, et peut-être devais-je attri-

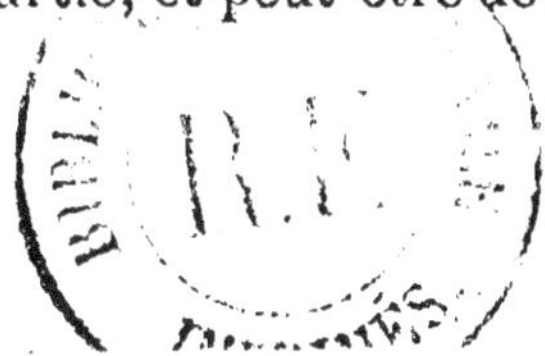

6

buer uniquement ce froid accueil à la mauvaise humeur
d'un chef qui ne voulut pas me laisser pénétrer dans les
cabanes, qui me suivit partout où je portai mes pas,
et qui me témoigna plusieurs fois, par des gestes très
expressifs, combien il était impatient de me voir partir.
J'essayai vainement de le gagner par mes largesses; il
les accepta, mais il ne changea pas de conduite. Quelques-
unes des jeunes femmes qui se plaisaient à nous voir
se revêtirent à la hâte de leurs plus beaux habits;
elles s'assemblèrent en corps, elles nous témoignèrent
que nous étions les bienvenus, et elles chantèrent en
chœur des airs qui n'avaient rien de rude ou de désagréable.

Le jour étant bien avancé, je regagnai les vaisseaux
en faisant le tour de l'extrémité nord de la grande île.
Je rencontrai sur mon chemin plusieurs pirogues chargées de sardines, que les naturels venaient de prendre
dans le coude oriental de l'Entrée. J'aperçus, à mon
arrivée à bord, que, durant mon absence, les vaisseaux
avaient reçu la visite de deux ou trois embarcations,
dont les équipages annoncèrent par des signes qu'ils
venaient de l'autre côté de la baie. Ils apportèrent des
peaux, des vêtements et divers ouvrages du pays que
nous achetâmes. Je ne dois pas oublier un article bien
singulier qui faisait partie de leur cargaison : ils nous
vendirent deux cuillers d'argent que nous jugeâmes de
fabrique espagnole, d'après leur forme particulière;
l'un deux les portait à son col, comme un ornement; ils

parurent aussi mieux fournis de fer que les habitants de l'Entrée.

Le 22 à 8 heures du matin, douze ou quatorze pirogues de naturels étrangers à la tribu qui vivait près de nous, arrivèrent; ils venaient du sud. Dès qu'ils eurent tourné la pointe de l'anse où mouillaient la *Résolution* et la *Découverte*, ils s'arrêtèrent, et ils se tinrent rangés en ligne à deux ou trois cents verges des vaisseaux. Nous crûmes d'abord qu'ils craignaient de s'approcher davantage, mais nous nous trompions, ils se préparaient à une cérémonie particulière. Ils ne tardèrent pas à s'avancer, en se tenant debout sur leurs embarcations et en chantant. Quelques-unes de leurs chansons, auxquelles la troupe prit part, étaient d'un mouvement lent, et d'autres d'un mouvement plus vif; ils les accompagnaient de mouvements très réguliers de leurs mains; ils frappaient en mesure, avec leurs pagaies, les côtés de leurs pirogues, et ils faisaient d'ailleurs une multitude de gestes très expressifs. Ils gardèrent le silence durant quelques secondes, à la fin de chaque air, et ils recommencèrent ensuite en prononçant par intervalle, à perte de voix, le mot *hooee!* Après nous avoir donné un essai de leur musique, que nous écoutâmes plus d'une demi-heure, et que nous trouvâmes extrêmement agréable, ils se rendirent à la hanche de nos bâtiments et ils échangèrent leur cargaison. Plusieurs des habitants de l'Entrée, avec lesquels nous avions formé des liaisons d'amitié, se trouvaient parmi eux et ils dirigèrent tous les échanges d'une manière qui fut très avantageuse aux sauvages.

Lorsqu'ils eurent terminé leurs échanges et leurs cérémonies, nous prîmes chacun un canot, le capitaine Clerke et moi, et nous allâmes au village situé à la pointe occidentale de l'Entrée. J'avais observé, la veille, que les environs offraient une quantité considérable d'herbes, et il était nécessaire d'en recueillir pour le petit nombre de chèvres et de moutons que nous avions à bord. Les habitants nous reçurent avec les démonstrations d'amitié qu'ils m'avaient faites auparavant, et, dès que nous eûmes débarqué, j'ordonnai à mes gens de couper de l'herbe ; je ne m'imaginais pas du tout que les naturels refuseraient de nous céder une chose qui paraissait leur être absolument inutile, et dont nous avions besoin. Je me trompais néanmoins, car mon détachement eut à peine donné les premiers coups de faux, que plusieurs des sauvages ne voulurent pas nous permettre de continuer ; ils dirent que nous devions *makook*, c'est-à-dire acheter. J'étais dans une de leurs maisons lorsqu'on vint m'instruire de ce fait : je me rendis à la prairie où se passait la dispute, et j'y vis douze sauvages dont chacun réclamait une partie de la propriété de l'herbe qui croissait en cet endroit. Je conclus mon marché avec eux, et je crus, après cet arrangement, que nous serions les maîtres de couper de l'herbe partout où nous le voudrions ; je m'aperçus bientôt que je me trompais encore, car la manière généreuse dont j'avais payé les premiers hommes qui se disaient propriétaires du terrain m'attira de nouvelles demandes de la part de quelques autres : on eût dit que chacune des tiges de gramen appartenait à des maîtres différents, et il fallut en satisfaire un si grand nombre que je ne tardai pas à vider mes poches. Quand ils s'aperçurent que je n'avais plus rien à leur offrir, leurs importunités cessèrent ; ils nous permirent de couper de l'herbe partout et d'en embarquer autant que nous le voulûmes.

Je dois observer que, de toutes les nations ou tribus peu civilisées parmi lesquelles j'ai relâché dans le cours de mon voyage, les habitants de cette *Entrée* m'ont paru avoir les idées les plus précises et les plus rigoureuses du droit de propriété sur toutes les productions de leur pays. Ils voulurent d'abord faire payer le bois et l'eau qu'embarquèrent mes gens, et, si je m'étais trouvé à l'endroit où ils formèrent leurs réclamations, je n'aurais pas manqué de souscrire à leurs demandes. Mes travailleurs ne pensèrent pas ainsi, car ils ne s'embarrassèrent pas de ces plaintes, et les naturels, voyant que nous étions résolus à ne pas les écouter, cessèrent enfin de nous parler de cette affaire ; mais ils se firent un mérite de leur condescendance, et ils nous rappelèrent souvent ensuite qu'ils nous avaient donné du bois et de l'eau par amitié.

M. Webber, qui m'avait accompagné à cette bourgade, dessina tout ce qui lui parut curieux en dedans et en dehors des maisons, et, lorsque nous eûmes achevé nos observations, nous quittâmes les naturels, dont nous nous séparâmes bons amis, et nous retournâmes sur nos vaisseaux.

Les trois jours suivants, nous nous disposâmes à remettre en mer; on envergua les voiles, on ramena à bord les observatoires, les instruments d'astronomie, l'équipage dont on s'était servi pour brasser de la bière, et d'autres choses que nous avions portées sur la côte; on embarqua, de plus, de petites épaves et des pièces de bois, dont nous pouvions au besoin tirer des planches; on débarrassa les vaisseaux, et on fit tous les préparatifs nécessaires à l'appareillage.

Tout étant prêt, le 26 au matin, j'allais donner le signal de départ, mais le vent et la marée contraire m'obligèrent d'attendre jusqu'à midi. A ce moment, le vent fut remplacé par un calme, et, la marée étant favorable, nous démarrâmes, et les bateaux remorquèrent la *Résolution* et la *Découverte* hors de l'anse. Nous eûmes ensuite de légers souffles de vent et des calmes, jusqu'à quatre heures du soir, et il survint alors une brise du nord et une brume très épaisse. Le mercure du baromètre tomba singulièrement, et tout nous annonçait d'ailleurs une tempête, qui semblait se préparer dans la partie du sud. Comme la nuit approchait, je délibérai un moment si j'aurais la hardiesse d'appareiller, ou si j'attendrais au lendemain; l'impatience de continuer mon voyage, et la crainte de perdre cette occasion de sortir de l'Entrée, firent sur moi plus d'impression que les dangers, et je résolus de mettre en mer, à tout événement.

Les naturels, les uns à bord de nos vaisseaux, et les autres sur leurs pirogues, nous suivirent jusqu'en dehors de l'Entrée ; l'un d'eux, qui avait conçu de l'attachement pour moi, fut au nombre des derniers qui nous quittèrent. Je lui fis un petit présent, et il me donna, de son côté, une peau de lièvre d'une beaucoup plus grande valeur. Je tàchai d'ètre aussi libéral que lui, et j'ajoutai à ce qu'il avait déjà reçu des choses qui lui causèrent un plaisir extrême. Il me força alors d'accepter le manteau de lièvre qu'il portait, et pour lequel je lui connaissais un goût particulier. Sensible à ce trait de générosité, et ne voulant pas qu'il fût la dupe de son amitié, je lui offris un grand sabre à poignée de cuivre, qui le rendit complétement heureux. Il me pressa, ainsi qu'une foule de ses compatriotes, de revenir sur cette partie de la côte, et, afin de m'y exciter, il me promit, à mon retour, une quantité considérable de peaux. Je suis persuadé que les navigateurs qui aborderont ici, après moi, trouveront les naturels bien fournis d'un article de commerce pour lequel ils nous ont reconnu de l'empressement, et qu'on y achètera des fourrures à très bon marché,

CHAPITRE X.

Lorsque j'abordai à cette Entrée, je lui donnai le nom d'*Entrée du Roi George;* mais je reconnus ensuite que les naturels du pays l'appellent Nootka. Son ouverture se trouve au coin oriental de la *baie de l'Espérance;* une chaîne de rochers submergés, qui paraissent s'étendre à quelque distance du rivage, couvre la bande est de cette baie, dans l'espace entier qu'on traverse depuis la pointe des brisants jusqu'à l'ouverture de l'Entrée, et il y a près de l'Entrée des îles et des rochers qui se montrent au-dessus de l'eau.

Pour gagner l'Entrée, nous passâmes entre deux pointes de rochers qui sont éloignées l'une de l'autre de trois à quatre milles.

Le terrain qui borde la côte de la mer est uni et d'une moyenne élévation; mais, en dedans de l'Entrée, il offre presque partout des collines escarpées qui annoncent une formation commune, car elles se terminent en sommets arrondis ou émoussés, et elles présentent sur leurs flancs des sillons aigus, de peu de saillie. Plusieurs de ces collines peuvent être réputées hautes, tandis que d'autres sont d'une élévation médiocre. Elles sont toutes, même les plus élevées, couvertes entièrement de bois épais jusqu'à leurs sommets ; chaque partie des plaines qu'on trouve vers la mer est également boisée. Il y a cependant des espaces nus sur les flancs de quelques-unes des collines, mais ils sont en petit nombre et indiquent que ces collines sont en général de rochers ; à proprement parler, elles n'ont d'autre sol qu'une espèce d'engrais d'au moins deux pieds de profondeur, qui vient du détriment des mousses et des arbres.

Toutes les anses offrent une quantité considérable de bois qu'y amène le flot, et des ruisseaux d'eau douce assez abondants pour remplir les futailles d'un vaisseau. Les ruisseaux semblent provenir uniquement des nuages pluvieux et des brumes suspendus autour du sommet des collines ; on ne doit pas compter en effet sur beaucoup de sources dans un pays si plein de rochers, et l'eau douce qu'on voit dans la partie supérieure de l'Entrée est vraisemblablement produite par la fonte des neiges : les naturels du pays ne nous ont jamais dit que l'Entrée reçût une rivière considérable, et nous n'avons eu d'ailleurs aucune raison de soupçonner qu'il existe une pareille rivière. L'eau des ruisseaux est parfaitement claire et elle dissout le savon avec une grande facilité.

Le temps que nous eûmes pendant notre relâche approche beaucoup de celui que nous avions eu en travers de la côte. Lorsque le vent soufflait des points du compas qui se trouvent entre le nord et l'ouest, le ciel était beau et serein; mais si le vent venait du sud, de l'ouest, l'atmosphère s'embrumait et il tombait de la pluie. Le climat, autant que nous avons pu le juger, est infiniment plus doux que celui de la côte orientale d'Amérique, au même degré de latitude. Le mercure du baromètre ne fut jamais au-dessous de quarante-deux degrés, même pendant la nuit, et durant le jour il s'éleva souvent à soixante. Nous n'aperçûmes point de gelée sur les terrains bas; la végétation y était au contraire fort avancée, car je vis de l'herbe qui avait déjà plus d'un pied de longueur.

On trouve, surtout dans les bois, le pin du Canada, le cyprès blanc, le pin sauvage et deux ou trois autres espèces de pins non moins communes. Le pin du Canada et le cyprès blanc forment presque les deux tiers des arbres; on les confond de loin, car ils offrent également des sommets épointés en aiguilles, mais on les distingue bientôt à leur couleur, lorsqu'on en approche : le second est d'un vert beaucoup plus pâle que le premier. En général, la végétation des arbres est très forte et ils sont tous d'une grande taille.

Nous remarquâmes d'ailleurs peu de variétés dans les productions végétales : sans doute plusieurs n'avaient pas encore de bourgeons à cette époque peu avancée du printemps. L'espace que nous examinâmes fut tellement circonscrit que quelques-unes, sans doute, échappèrent à nos recherches. Nous trouvâmes, autour des rochers et au bord des bois, des plants de fraises, des framboisiers et deux espèces de groseilliers qui promettaient beaucoup de fruits ; un petit nombre d'aunes noirs, et deux sortes d'*anthericum*, la première qui a une large fleur orange, et la seconde une fleur bleue ; des rosiers sauvages qui commençaient à offrir des boutons ; une quantité considérable de jeunes poireaux à feuilles triangulaires ; du cresson, qui croît en abondance au bord des ruisseaux. L'intérieur des bois nous présenta des mousses, et seulement trois ou quatre sortes de fougères ; les mousses et les fougères sont en général les mêmes que celles de l'Amérique.

Si l'époque de notre relâche ne nous permit pas d'acquérir beaucoup de lumière sur les productions végétales de ce district de l'Amérique, les travaux auxquels nous fûmes condamnés nous mirent dans l'impossibilité de recueillir un grand nombre d'observations sur les animaux du pays. Le besoin d'eau nous ayant obligé de mouiller ici, les accidents imprévus qui nous y retinrent nous laissèrent peu de loisir pour ces recherches. Nous fûmes contraints de nous occuper tous de la réparation des vaisseaux, qui était l'objet capital ; car l'été approchait, et le succès de l'expédition dépendait de la diligence et de l'ardeur que nous mettrions dans les diverses campagnes qu'exigeait de nous l'Amirauté.

Nous ne pûmes entreprendre aucune excursion sur terre ou par eau, et, comme nous étions à l'ancre au-dessous d'une île, nous ne vîmes dans les bois que deux ou trois ratons, des martres et des écureuils. Quelques personnes de mon équipage, qui débarquèrent un jour sur le continent, aperçurent près de la côte les traces d'un ours. Je suis donc réduit à parler des quadrupèdes d'après les peaux que nous apportèrent les naturels, et même elles étaient si mutilées dans les parties qui servent à reconnaître les espèces, telles que les pattes, la queue et la tête, qu'il nous fut impossible d'établir notre opinion d'une manière exacte. Au reste, les sauvages nous en vendirent quelques-unes de si entières, ou du moins de si reconnaissables, qu'elles ne nous laissèrent aucun doute.

Ils nous offrirent surtout des peaux d'ours, de daims, de renards et de loups. Les premières étaient abondantes ; il y en avait peu d'un grand volume, mais elles étaient en général d'un noir très lustré. Les renards sont en grande abondance, et ils offrent bien des variétés : plusieurs des peaux étaient absolument jaunes, et elles avaient la queue noire ; d'autres étaient d'un jaune foncé ou rougeâtre et entremêlées de noir ; nous en remarquâmes quelques-unes d'un gris blanchâtre ou couleur de cendre, entremêlées aussi de noir. Nos gens leur donnaient indifféremment le nom de renard ou de loup, lorsque les peaux se trouvaient si mutilées qu'on ne pouvait pas reconnaître l'espèce d'une manière sûre.

Nous nous procurâmes enfin une peau de loup entière, qui avait sa tête, et elle était grise. Indépendamment de la martre ordinaire, cette partie de l'Amérique offre la martre de pin, et une troisième qui a la robe d'un brun plus clair et les poils plus grossiers que les deux premières ; mais elle n'est pas aussi commune, et ce n'est peut-être qu'une variété, effet de l'âge ou d'une cause accidentelle quelconque. On y rencontre des hermines, mais elles sont rares et petites ; la finesse de leur poil n'a rien de remarquable ; elles sont d'une blancheur parfaite, si j'en excepte un ou deux pouces de l'extrémité de la queue. Les ratons et les écureuils sont de l'espèce commune ; mais les derniers, un peu plus petits que les nôtres, ont, le long du dos, une teinte de rouille plus foncée. Quant à la race des cochons, des chiens, des chats et des chèvres, elle ne s'est pas encore établie sur cette partie de l'Amérique. Les habitants ne paraissaient avoir aucune connaissance de nos rats bruns, et, lorsqu'ils vinrent à bord de nos vaisseaux, ils leur donnèrent le nom qu'ils donnent aux écureuils ; ils appelaient nos chèvres *emeetla*, mais il est probable que c'est la dénomination dont ils se servent pour désigner un jeune daim ou un faon.

Les baleines, les marsouins et les veaux marins furent les animaux de mer que nous aperçûmes en travers de la côte. Les derniers paraissaient être de l'espèce commune, à en juger par les peaux que nous achetâmes, car leur couleur est argentée, jaunâtre, unie ou tachetée de noir. Le marsouin dont je parle ici est le *phocena*; j'ai cru devoir rapporter la loutre de mer à cette classe, car elle vit presque toujours dans l'eau. Si l'une de celles que nous vîmes n'offrait pas quelque différence, il suffirait de dire qu'elle est très abondante, puisqu'elle est fort bien décrite par plusieurs auteurs qui ont consulté les journaux des expéditions faites par les Russes à l'est du Kamtschatka. Nous doutâmes d'abord que les peaux apportées à notre marché par les naturels fussent de cet animal, car rien ne l'indiquait que la grandeur, la couleur et la finesse de la fourrure; mais, peu de temps avant notre départ, nous achetâmes un de ces animaux bien entier, qui venait d'être tué, et M. Webber le dessina : il était très jeune et il ne pesait que vingt-cinq livres; il offrait un noir éclatant ou lustré. La fourrure de ces animaux, ainsi que l'observent les relations des Russes, est sûrement plus douce et plus fine que celle d'aucun quadrupède, et la découverte de cette partie de l'Amérique septentrionale, où l'on rencontre un article de commerce si précieux, ne peut être une chose indifférente.

En général, les oiseaux sont rares, non-seulement quant aux diverses espèces, mais quant au nombre des individus ; ceux qu'on aperçoit sont si farouches, que, selon toute apparence, les habitants du pays les poursuivent pour les manger, et, à coup sûr, pour s'emparer de leurs plumes, dont ils ont soin de se parer. J'ai remarqué, parmi les espèces qui fréquentent les bois : des corneilles et des corbeaux qui ressemblent en tout à la corneille et au corbeau d'Angleterre ; un geai ou une pie bleue ; les roitelets ordinaires, les seuls que nous ayons entendus chanter ; la grive du Canada ou de passage, et une quantité d'aigles bruns qui ont la tête et la queue blanches : quoiqu'ils paraissent surtout fréquenter la côte, le mauvais temps les amène dans l'Entrée, et ils se perchent quelquefois sur des arbres.

Les oiseaux de mer qui fréquentent la côte et les oiseaux de terre qui aiment à vivre sur les eaux ne sont pas en plus grand nombre. Nous vîmes des quebrantahuessos, des goëlands et des nigauds en travers de la côte ; les deux derniers fréquentent aussi l'Entrée : ils sont de l'espèce commune, et les nigauds ne diffèrent pas de notre cormoran et de notre corneille d'eau. Nous rencontrâmes deux espèces de canards sauvages : l'un noir, à tête blanche, fournit des volées nombreuses : l'autre, blanc, a le bec rouge et il est plus gros que le premier. Nous remarquâmes aussi le gros *lumme* ou plongeon de nos mers du Nord.

Il y a plus de poissons que d'oiseaux ; mais les espèces n'en sont pas très variées : diverses circonstances, néanmoins, donnent lieu de croire qu'elles le sont davantage à certaines saisons. Voici celles que nous trouvâmes en plus grand nombre : le hareng ordinaire, dont la longueur excède à peine sept pouces ; une espèce moindre qui est la même que l'anchois et la sardine, mais un peu plus grosse ; une brême blanche ou couleur d'argent, et une seconde d'un brun doré qui a une multitude de rayures étroites, bleues et longitudinales. Les harengs et les sardines arrivent sans doute en vastes radeaux et seulement à des époques fixes, selon leur habitude reconnue. Les deux espèces de brêmes dont je viens de parler sont ensuite les plus abondantes. et celles qui ont pris toute leur croissance pèsent au moins une livre. Parmi les poissons qui sont rares, j'indiquerai d'abord de petits *sculpins*, bruns, tels que celui que l'on trouve sur la côte de Norwège ; un autre d'une teinte rouge brunâtre ; le poisson de gelée ; un quatrième, qui ressemble un peu au *bull head*, qui a la peau dure et qui est dénué d'écailles. Les naturels nous apportèrent plusieurs fois, vers le temps de notre départ, une petite morue brunâtre, tachetée de blanc ; un poisson rouge de la même grandeur, que quelques personnes de l'équipage dirent avoir vu dans le détroit de Magellan. Il y a aussi une quantité considérable de ces poissons auxquels quelques auteurs donnent le nom de loups, de la grosseur du *pezegallo* ou du poisson éléphant, avec lequel ils ont beaucoup de rapport. Les requins fréquentent aussi l'Entrée, car les naturels avaient des dents de cette espèce de poisson, et nous vîmes des morceaux de raie qui semblaient avoir fait partie d'un individu assez gros. Les autres animaux de mer, dont je dois faire mention ici, sont : une petite *méduse* en forme de croix ; le poisson étoilé, qui diffère peu des étoiles ordinaires ; deux petites espèces de

crabes ; deux autres que les naturels nous apportèrent,
la première d'une substance épaisse, compacte et géla-
tineuse, et la seconde une espèce de tube ou de tuyau
à membranes qu'on détache probablement des rochers.
Nous achetâmes d'ailleurs, un jour, une très grosse
sèche.

Il y a autour des rochers une multitude de grosses
moules et beaucoup d'oreilles de mer, et nous vîmes
souvent des coquilles unies assez grandes. On y trouve,
de plus, de petites pétoncles unies, des lépas, et des sauvages étrangers qui arrivèrent près de nous portaient
des colliers d'une petite *volute* ou *panamae* bleuâtre.
Quelques-unes des moules ont une palme de longueur,
plusieurs offrent d'assez grosses perles ; mais les moules
et les perles sont d'une vilaine forme et mal colorées.
Il paraît qu'il y a du corail rouge dans l'Entrée, ou
quelque pan sur la côte, car nous en vîmes des morceaux ou des branches d'une assez grande épaisseur
dans les pirogues des naturels du pays.

Nous ne remarquâmes dans les bois, parmi les animaux du genre des reptiles, que des serpents bruns de
deux pieds de longueur, qui ont des rayures blanchâtres
sur le dos et sur les côtés, et qui ne font pas de mal,
puisque les sauvages les tenaient souvent à la main, et
des lézards d'eau brunâtres. Ces lézards ont la queue
exactement pareille à la queue des anguilles, et ils fré-
quentaient les petites mares stagnantes qui sont autour
des rochers.

La famille des insectes paraît être plus considérable. Quoique la saison où ils se montrent ne fît que de commencer, nous aperçûmes quatre ou cinq espèces de papillons qui n'avaient rien de particulier, un nombre assez grand de grosses abeilles, quelques-unes de nos teignes de groseilles, deux ou trois sortes de mouches, quelques escarbots et quelques moustiques qui étaient peu incommodes et qui, pendant l'été, doivent être plus multipliés et plus fatigants dans un pays si rempli de bois.

Quoique nous ayons trouvé du fer et du cuivre dans cette partie de l'Amérique, il est difficile de croire que ces deux métaux viennent de mines du pays. Nous n'aperçûmes aucune espèce de minerai, si j'en excepte une substance grossière et rouge, de la nature de la terre ou de l'ocre, dont les naturels se servent pour se peindre le corps, et qui, vraisemblablement, contient un peu de fer. Nous vîmes aussi du fard blanc et du fard noir qu'ils emploient au même usage; mais, n'ayant pu nous en procurer des échantillons, je ne dirai pas précisément quelle est leur composition.

Outre la pierre dure ou le rocher des montagnes, qui renferme quelquefois des morceaux d'un quartz grossier, nous trouvâmes parmi les naturels des ouvrages d'un granit noir, qui n'était remarquable ni par sa dureté, ni par la finesse du grain ; une pierre à aiguiser, grisâtre, la pierre à rasoir ordinaire de nos charpentiers, et des morceaux d'une seconde, noire et peu inférieure à la pierre fine à aiguiser : ces morceaux étaient grossiers plus ou moins. Les naturels se servent aussi du *mica* à feuilles transparentes ou du verre de *Russie*, et d'une espèce de substance martiale brune et à feuilles, et ils nous apportèrent aussi du cristal de roche assez transparent. Il est vraisemblable qu'on trouve les deux premières substances près de l'Entrée, car les habitants nous parurent en avoir une quantité considérable ; mais le cristal de roche semble venir de plus loin, ou il est très rare, puisque les sauvages ne nous en vendirent qu'avec répugnance ; plusieurs des morceaux étaient octangulaires, et nous jugeâmes que la main de l'ouvrier leur avait donné cette forme.

La taille de ces sauvages est au-dessous de la taille ordinaire, mais ils ne sont pas minces en proportion de leur petitesse ; ils ont le corps bien arrondi, sans être musculeux. Leurs membres potelés ne paraissent jamais acquérir trop d'embonpoint. Les vieillards sont un peu maigres. Le visage de la plupart est rond et plein, il est large quelquefois, et il offre des joues proéminentes ; il est souvent comprimé au-dessus des joues, où il semble s'abaisser brusquement entre les tempes ; leur nez, aplati à la base, présente de larges narines et une pointe arrondie. Ils ont le front bas, les yeux petits, noirs et plus remplis de langueur que de vivacité ; les lèvres larges, épaisses et arrondies ; les dents assez égales et assez bien rangées, quoiqu'elles ne soient pas d'une blancheur remarquable. En général, ils manquaient absolument de barbe, ou ils en avaient une petite touffe peu fournie sur la pointe du menton, ce qui ne provient d'aucune défectuosité naturelle, mais de ce qu'ils l'arrachent plus ou moins; car quelques-uns d'entre eux, et particulièrement les vieillards, portaient une barbe épaisse sur tout le menton, et même des moustaches sur la lèvre supérieure, lesquelles descendaient obliquement vers la mandibule inférieure. Leurs sourcils sont peu fournis et toujours étroits, mais ils ont une quant.té considérable de cheveux très durs, très forts, et, sans aucune exception, noirs, lisses et flottants sur les épaules. Leur col est court. La forme de leurs bras et de leur corps n'a rien d'agréable ou d'élégant ; elle est même un peu grossière. Leurs membres, en général, petits en proportion des autres parties, sont courbés et mal faits; ils ont de grands pieds d'une vilaine forme, et les chevilles du pied trop saillantes : ce défaut semble provenir de ce qu'ils s'assoient beaucoup sur leurs jarrets, dans leurs pirogues et dans leurs maisons.

Nous n'avons pu deviner précisément la couleur de leur teint, parce que leur corps est incrusté de peintures et de saletés ; toutefois nous engageâmes quelques individus à se bien nettoyer, et la blancheur de la peau de ceux-ci égalait presque la blancheur de la peau des Européens, mais elle offrait la nuance pâle des peuples du midi de l'Europe. Leurs enfants, dont la peau n'avait jamais été couverte de peintures, égalaient les nôtres en blancheur. Quelques-uns des jeunes gens, comparés au gros du peuple, ont la physionomie assez agréable ; mais il paraît que c'est uniquement l'effet de cette teinture vermeille, naturelle à la jeunesse, et, lorsqu'ils sont arrivés à un certain âge, leur visage n'offre plus rien de particulier. En tout, l'uniformité de la physionomie des individus de la nation entière est très remarquable ; elle manque toujours d'expression et elle annonce des esprits lourds et flegmatiques.

Les femmes ont à peu près la même taille, le même teint et les mêmes proportions que les hommes ; il n'est pas aisé de les reconnaître, car on ne leur trouve pas cette délicatesse de traits qui distingue le sexe dans la plupart des contrées, et à peine en vîmes-nous une seule, parmi les jeunes, qui pût avoir prétention à la beauté. Leur vêtement ordinaire est un habit ou un manteau de lin, garni, à l'extrémité supérieure, d'une bande étroite de fourrure, et, à l'extrémité inférieure, de franges ou de glands. Il passe sous le bras gauche, et il est attaché, sur le devant de l'épaule droite, avec un cordon ; un autre cordon l'assujettit par derrière : ainsi les deux bras sont en liberté ; il couvre le côté gauche, et, si j'en excepte les parties flottantes des bordures, il laisse le côté droit ouvert, à moins qu'une ceinture (d'une natte grossière ou de poil) ne le serre autour des reins, ce qui arrive souvent. Par dessus ce premier manteau, qui dépasse le genou, ils portent un autre petit manteau de la même substance, également garni de franges à la partie inférieure. Celui-ci ressemble à un plat rond couvert ; il offre, dans le milieu, un trou de la grandeur nécessaire pour recevoir la tête, et, reposant sur les épaules, il cache les bras jusqu'aux coudes et le corps jusqu'à la chute des reins. Leur tête est couverte d'un chapeau, de la forme d'un cône tronqué ou de celle d'un pot de fleur : ce chapeau est d'une belle natte ; une houppe arrondie, et quelquefois en pointe, ou une touffe de gland de cuir, le décore fréquemment au sommet, et on l'attache au menton, afin que le vent ne l'emporte pas.

Outre le vêtement que je viens de décrire, et qui est commun aux deux sexes, les hommes portent souvent une peau d'ours, de loup ou de loutre de mer, dont les poils sont en dehors : ils l'attachent comme un manteau, près de la partie supérieure ; ils la placent quelquefois sur le devant de leur corps, et d'autres fois sur leur derrière.

Lorsque le ciel est pluvieux, ils jettent une natte grossière sur leurs épaules. Ils ont aussi des vêtements de poils, dont néanmoins ils se servent peu. En général, ils laissent flotter leurs cheveux ; mais, lorsqu'ils n'ont pas de chapeau, plusieurs d'entre eux les nouent en touffe au sommet de la tête. En tout, leur vêtement est commode, et il ne manquerait point d'élégance s'ils le tenaient propre ; mais comme ils barbouillaient sans cesse leur corps d'une peinture rouge, tirée d'une substance grossière, de la nature de l'argile ou de l'ocre mêlée avec de l'huile, leur habit a une odeur rance, très désagréable, et il se graisse extrêmement. Il annonce la saleté et la misère, et, ce qui dégoûte encore davantage, leur tête et leurs vêtements sont pleins de poux, qu'ils prennent et qu'ils mangent avec beaucoup de tranquillité.

Quoique leurs corps soient toujours couverts d'une peinture rouge, ils se barbouillent fréquemment le visage d'une substance noire, rouge et blanche, afin que leur figure produise plus d'effet ; quand ils ont cette dernière enluminure, leur mine est pâle et affreuse, et on a de la peine à les regarder. Ils parsèment cette peinture d'un *mica* brun qui la rend plus éclatante. Le lobe des oreilles de la plupart d'entre eux est percé d'un assez grand trou, et de deux autres plus petits ; ils y suspendent des morceaux d'os, des plumes montées sur une bande de cuir, de petits coquillages, des faisceaux de glands de poil, ou des morceaux de cuivre, que nos grains de verre ne purent jamais supplanter. La cloison du nez de plusieurs offre un trou dans lequel ils passent une petite corde ; d'autres y placent des morceaux de fer, d'airain ou de cuivre, qui ont presque la forme d'un fer à cheval, mais dont l'ouverture est si étroite qu'elle presse doucement la cloison de ses deux pointes : cet ornement tombe ainsi sur la lèvre supérieure. Ils employaient à cet usage les anneaux de nos boutons de cuivre, qu'ils achetaient avec empressement. Leurs poignets sont garnis de bracelets ou de grains blancs qu'ils tirent d'une espèce de coquillage, de petites lanières de cuir ornées de glands, ou d'un large bracelet d'une seule pièce et d'une matière noire et luisante de la nature de la corne. La cheville de leurs pieds est souvent couverte d'une multitude de petites bandes de cuir et de nerfs d'animaux qui la grossissent toujours beaucoup.

Tels sont leur vêtement et leurs parures de tous les jours ; mais ils ont des habits et des ornements qu'ils semblent réserver pour les occasions extraordinaires : ils les mettent lorsqu'ils font des visites de cérémonie et lorsqu'ils vont à la guerre. Ils ont, par exemple, des peaux de loups ou d'ours, qui s'attachent sur le corps de la même manière que leur habit accoutumé ; elles sont garnies de bandes de fourrure, ou de lambeaux de l'étoffe de poil qu'ils fabriquent eux-mêmes ; la garniture offre divers dessins assez agréables. Ils les portent séparément ou par dessus leurs autres habits. Lorsqu'ils les portent séparément, l'ajustement de leur tête le plus commun est composé d'osier, ou d'écorce à demi battue ; leur chevelure est ornée en même temps de larges plumes, et en particulier de plumes d'aigle, ou elle est entièrement couverte de petites plumes blanches. Leur visage est peint de toutes sortes de façons ; les parties supérieures et les parties inférieures offrent différentes couleurs, qu'on prendrait pour autant de balafres récentes ; ou bien il est barbouillé d'une espèce de suif mêlé avec de la peinture appliquée sur la peau, de manière qu'elle forme un grand nombre de figures régulières et qu'elle ressemble à un ouvrage de sculpture. Quelquefois encore leur chevelure est divisée en petits paquets attachés avec un fil et séparés aux extrémités par des intervalles d'environ deux pouces ; plusieurs la lient par derrière, selon notre usage, et ils y placent des rameaux. Dans cet attirail ils ont une mine vraiment sauvage et vraiment grotesque ; elle devient plus bizarre encore et plus terrible lorsqu'ils prennent ce que l'on peut appeler leur *équipage monstrueux*. Cet équipage monstrueux est composé d'une multitude infinie de masques de bois sculptés, qui se posent sur le visage ou sur la partie supérieure de la tête ou du front ; les uns représentent une teinte d'homme, et on y remarque des cheveux, de la barbe et des sourcils ; d'autres représentent des têtes d'oiseaux, et en particulier des aigles et des quebranta-huessos, et un grand nombre des animaux terrestres ou marins, tels que les loups, les aigles, les marsouins. En général, ces figures excèdent la grandeur naturelle ; elles sont peintes et souvent parsemées de morceaux de *mica* foliacé qui leur donnent de l'éclat et qui en augmentent la difformité. Ce n'est pas tout : ils attachent sur la même partie de la tête de gros morceaux de sculpture qui ressemblent à la proue d'une pirogue, qui sont peints de la même manière et qui se projettent en saillie à une distance considérable.

Ils sont si passionnés pour ces déguisements, que l'un

des sauvages qui n'avait point de masque mit sa tête dans un chaudron d'étain qu'il venait de recevoir de nous. J'ignore si la religion entre pour quelque chose dans cette mascarade extravagante ; s'ils l'emploient dans leurs fêtes, ou pour intimider les ennemis par leur aspect effrayant, lorsqu'ils marchent au combat : ou enfin si c'est un moyen d'attirer les animaux quand ils vont à la chasse ; mais on peut conclure que si des voyageurs, dans un siècle ignorant et crédule, où l'on supposait l'existence d'une foule de choses peu naturelles ou merveilleuses, avaient rencontré un certain nombre de sauvages ainsi équipés, et s'ils ne les avaient pas examinés d'assez près, ils n'auraient pas manqué de croire et, dans leurs relations, ils n'auraient pas manqué de faire croire aux autres qu'il existait une race d'êtres tenant de la nature de la bête et de celle de l'homme : ils se seraient trompés d'autant plus aisément, qu'outre des têtes d'animaux sur des épaules d'hommes, ils auraient vu les corps entiers de ces espèces de monstres couverts de peaux de quadrupèdes.

Le seul habit spécialement destiné à la guerre, que nous ayons observé parmi les naturels de Nootka, est un manteau de cuir, double et très épais, qui nous parut être une peau d'élan ou de buffle tannée. Ils l'attachent de la manière ordinaire ; et il est d'une telle forme, qu'il peut couvrir la poitrine jusqu'au col, et descendre en même temps jusqu'aux talons : il est quelquefois chargé de peintures qui offrent divers compar-

timents assez agréables. Non-seulement il est assez
fort pour résister aux traits, mais, selon ce que les
sauvages nous dirent par signes, les piques elles-mêmes
ne peuvent le percer : aussi on doit le regarder comme
une cotte de mailles, ou comme une armure défensive
très complète. Quand ils vont se battre, ils portent
quelquefois une espèce de manteau de cuir, revêtu de
sabots de daims, disposés horizontalement et suspendus
à des lanières de cuir couvertes de plumes, et, dès qu'ils
se remuent, ils produisent un bruit fort presque égal à
celui d'une multitude de petites cloches. Je ne sais si
cette partie de leur ajustement a pour objet d'inspirer
la terreur à leurs ennemis, ou si c'est un de ces bizarres
ornements qu'ils ont inventés pour les jours d'appareil,
car nous assistâmes à un de leurs concerts dirigé par
un homme qui était revêtu de ce manteau et qui portait un masque sur le visage.

On ne peut voir sans une sorte d'horreur ces sauvages chargés du fol attirail que je viens de décrire :
mais lorsqu'ils ne sont pas équipés de cette manière,
lorsqu'ils portent leurs habits ordinaires et qu'ils gardent leur allure naturelle, leur physionomie n'offre pas
la moindre apparence de férocité : ils paraissent, au
contraire, d'un caractère paisible, flegmatique et in-
dolent. Ils semblent dénués de cette vivacité si agréable
dans le commerce de la vie.

S'ils manquent de réserve, ils sont loin d'être ba-
billards ; leur gravité est peut-être un effet de leur

disposition habituelle, plutôt que d'un sentiment de convenance ou la suite de leur éducation, car, dans les moments où ils ont le plus de fureur, ils paraissent incapables de s'exprimer complètement par leur langage ou par leurs gestes.

Puisqu'ils apportèrent à notre marché des crânes et des ossements humains, on n'a que trop raison de croire qu'ils traitent leurs ennemis avec une cruauté féroce. Mais ce fait indique plutôt un rapport général avec le caractère de presque toutes les tribus non civilisées, dans chaque siècle et dans chaque partie du globe, qu'une inhumanité particulière dont on doive leur faire des reproches. Nous n'eûmes pas lieu de juger défavorablement de leurs dispositions à cet égard; ils paraissaient avoir de la docilité, de la politesse naturelle et de la bonté. Quoique d'un tempérament flegmatique, les injures les mettent en fureur, et, comme la plupart des gens emportés, ils oublient aussi promptement le mal qu'on leur a fait. Je ne me suis jamais aperçu que ces accès de colère portassent sur d'autres que sur les parties intéressées. Quand ils avaient des querelles entre eux ou avec quelques-uns d'entre nous, les spectateurs, qui ne se mêlaient point de la dispute, conservaient autant d'indifférence que s'ils n'avaient pas su de quoi il s'agissait. Si l'un d'eux poussait des cris de rage ou de gronderie, ce que j'ai vu souvent. sans pouvoir découvrir la cause et l'objet de son déplaisir, aucun de ses compatriotes ne faisait attention à lui. Ils ne laissent échapper dans ces occasions aucun signe de frayeur, mais ils paraissent déterminés à punir l'insulte, quoi qu'il puisse en arriver : lors même que la querelle nous regardait, notre supériorité ne leur inspirait point du tout de crainte, et ils montraient contre nous la même ardeur de vengeance que contre leurs compatriotes.

Leurs autres passions, et en particulier la curiosité, semblent engourdies à bien des égards; car peu d'entre eux témoignèrent le désir de voir et d'examiner des choses qu'ils ne connaissaient en aucune manière, et qui auraient excité leur surprise et leur étonnement, s'ils ressentaient l'envie de s'instruire. Ils ne cherchèrent jamais qu'à se procurer les articles qu'ils connaissaient et dont ils avaient besoin; ils regardaient toutes les autres choses avec une indifférence parfaite. Notre figure, notre accoutrement et nos manières, si peu semblables aux leurs, la forme et la grandeur extraordinaire de nos vaisseaux, ne parurent ni exciter leur admiration ni fixer leur attention.

On doit peut-être attribuer cette insouciance à leur paresse, qui semble fort grande. D'un autre côté, ils paraissent susceptibles, à certains égards, des passions tendres, car ils aiment extrêmement la musique; celle qu'ils font est grave et sérieuse, mais touchante. Ils gardent la mesure la plus exacte dans leurs chants, auxquels une multitude d'hommes prend part, ainsi que je l'ai déjà dit, en parlant de ceux qu'ils exécutèrent dans leurs pirogues afin de nous amuser. Leurs airs ont ordinairement de la lenteur et de la gravité ; mais leur musique n'est pas resserrée dans des bornes aussi étroites que celles de la plupart des nations sauvages : les variations en sont très nombreuses et très expressives, et elles offrent des cadences et une mélodie d'un effet agréable. Outre leurs concerts en règle, un seul homme chante souvent des airs détachés qui sont aussi sur un ton grave, et, pour marquer la mesure, il frappe sa main contre sa cuisse. Leur musique a quelquefois un autre caractère, car nous entendîmes, à diverses reprises, des stances qui étaient d'un ton plus gai et plus animé, et même qui avaient quelque chose de comique.

Un grelot et un petit sifflet d'environ un pouce de longueur, et avec lequel on ne peut faire aucune variation, puisqu'il n'a qu'un ton, sont les seuls instruments de musique que j'ai observés parmi eux. Ils se servent du grelot lorsqu'ils chantent ; mais je ne sais pas dans quelle occasion ils emploient leur sifflet, à moins que ce ne soit quand ils prennent un accoutrement qui leur donne la figure de quelques animaux particuliers, et qu'ils s'efforcent d'en imiter les hurlements et les cris. Je vis un jour un des sauvages revêtu d'une peau de loup, dont la tête était au-dessus de la sienne, et qui, pour imiter cet animal, poussait des sons avec un sifflet qu'il avait dans la bouche. La plupart des grelots ont la forme d'un oiseau ; le ventre renferme un petit nombre de cailloux, et la queue tient lieu de manche ; ils en ont néanmoins qui ressemblent davantage aux grelots de nos enfants.

Quelques-uns de ceux qui vinrent à notre marché laissèrent voir de la disposition pour la friponnerie : ils voulaient emporter nos marchandises sans rien donner en retour ; mais, en général, cela n'arrivait guère, et nous eûmes bien des raisons de dire qu'ils mettent de la loyauté dans le commerce. Toutefois ils désiraient si vivement d'obtenir du fer et du cuivre, ou tout autre métal, que peu d'entre eux eurent la force de résister à voler cet article précieux, quand ils en en trouvaient l'occasion. Les habitants des îles de la mer du Sud, ainsi qu'on le voit par un grand nombre de traits rapportés dans ce journal, nous volaient tout ce qui leur tombait sous la main, sans jamais examiner si leur proie leur serait inutile ou de quelque usage. La nouveauté des objets suffisait seule pour les déterminer à mettre en œuvre toute sorte de moyens indiqués afin d'effectuer leur vol : d'où il résulte qu'ils étaient excités par une curiosité enfantine, plutôt que par une disposition malhonnête. On ne peut justifier de la manière les naturels de l'*Entrée* de *Nootka*, qui envahirent nos propriétés : ils étaient voleurs dans toute la force du terme, car ils ne nous dérobèrent que les choses dont ils pouvaient tirer parti et qui avaient à leurs yeux une valeur réelle.

Heureusement pour nous, ils n'estimaient que nos

métaux. Ils ne touchèrent jamais ni à notre linge, ni à d'autres choses de cette espèce que nous pouvions laisser la nuit à terre, sans nous donner la peine de les garder. Aussi avons-nous bien des raisons de croire que le vol est très commun parmi eux, et qu'il donne surtout lieu à leurs querelles, dont nous vîmes plus d'un exemple.

CHAPITRE XI.

Il ne paraît pas y avoir, dans l'Entrée, d'autres bourgades ou villages que les deux dont j'ai parlé plus haut. On peut, avec assez d'exactitude, évaluer le nombre des habitants d'après celui des pirogues qui environnèrent les vaisseaux le lendemain de notre arrivée : elles montaient à environ 100, qui, en prenant un terme moyen très bas, contenaient cinq personnes chacune ; mais comme nous y vîmes très peu de femmes, de vieillards, d'enfants ou de jeunes gens, je crois adopter une évaluation faible, et non pas exagérée, en supposant quatre fois plus de monde, ou deux mille âmes dans les deux bourgades.

Le village qui est à l'ouest de l'*Entrée* se trouve sur la croupe d'un terrain élevé, dont la pente est assez rapide, depuis la grève jusqu'au bord du bois, c'est-à-dire dans l'espace où il est situé. Les maisons sont disposées sur trois lignes, qui s'élèvent par degrés l'une au-dessus de l'autre : les plus grandes se trouvent sur le devant. Ces espèces de rues sont interrompues ou séparées, à des distances irrégulières, par des sentiers étroits qui mènent à la partie supérieure ; mais les chemins qui se prolongent dans la direction des maisons entre les rues sont beaucoup plus larges. Quoiqu'il y ait quelque apparence de régularité dans cet arrangement, les maisons particulières n'en offrent aucune : car, malgré les divisions faites par les sentiers qui mènent du bas en haut, il n'y a pas de division régulière et complète, en dehors ou en dedans, qui sépare les divers appartements de cette file de cabanes, dont la construction est bien grossière.

Ce sont de très longues et de très larges planches, dont les bords portent sur ceux de la planche voisine, et qui sont attachées et liées, çà et là, avec des bandes d'écorce de pin ; elles se trouvent appuyées, en dehors, contre de minces poteaux, ou plutôt des perches placées à des distances considérables ; mais, en dedans, il y a des poteaux plus gros, posés de travers. Les côtés et les extrémités ont sept à huit pieds de hauteur ; le derrière étant un peu plus élevé, les planches qui forment le toit penchent en avant, et elles sont mobiles, de sorte qu'on peut, en les rapprochant, écarter la pluie, ou, lorsque le temps est beau, les séparer, et laisser par là entrer le jour et donner une issue à la fumée.

En tout, elles forment un asile misérable, et elles annoncent peu d'adresse ou de soin, car, quoique les planches de côté soient jointes en quelques endroits d'une manière assez exacte, elles sont absolument ouvertes dans d'autres, et il n'y a point de portes : on n'y arrive que par un trou, où la longueur inégale des planches a laissé par hasard une ouverture ; quelquefois deux ou trois des planches ne sont pas posées de toute leur longueur, et elles présentent un espace ouvert de deux pieds qui sert d'entrée. Les naturels pratiquent aussi, dans les flancs, des trous et des fenêtres, par lesquels ils regardent ; mais la forme de ces fenêtres n'a aucune espèce de régularité, et elles sont couvertes de morceaux de nattes qui écartent la pluie.

Lorsqu'on est dans l'intérieur, souvent on voit, sans interruption, d'une extrémité à l'autre de cette file de cabanes. Quoiqu'il y ait, en général, des commencements ou plutôt des traits de séparation pour la commodité des différentes familles, ces espèces de divisions n'interceptent pas la vue, et elles n'offrent souvent que des morceaux de planche qui se prolongent de côté, vers le milieu de l'habitation ; si elles étaient achevées, le tout pourrait être comparé à une longue écurie, qui offre une double rangée de portes et un large passage dans le milieu ; chacune présente, près des côtés, un petit banc de planches élevé de cinq ou six pouces sur le niveau du plancher, et couvert de nattes qui servent à la famille de sièges et de lits. La longueur de ces bancs est ordinairement de sept ou huit pieds, et leur largeur de quatre ou cinq. L'endroit où se fait le feu, qui est sans âtre et sans cheminée, se trouve au milieu du plancher, entre les bancs. Il y avait, dans une maison qui était à l'extrémité d'une rue du milieu, et presque séparée des autres par une cloison élevée, bien exacte et la plus régulière que j'aie jamais vue, quant au dessin, quatre de ces bancs occupés chacun par une famille particulière; ils étaient placés dans les coins, sans que ces planches marquassent aucune séparation, et le milieu de la cabane paraissait commun aux quatre familles.

Un grand nombre de caisses et de boîtes de toutes les dimensions, qui sont ordinairement entassées les unes sur les autres, près des côtés ou des extrémités de la maison, et qui contiennent leurs habits de rechange, leurs fourrures, leurs masques et les autres choses auxquelles ils mettent du prix, composent surtout leur ameublement. Quelques-unes de ces caisses sont doubles, et alors la première est surmontée d'une seconde qui lui sert de couvercle ; plusieurs ont un couvercle attaché avec des lanières de cuir. Nous en remarquâmes de plus grandes, qui avaient un trou carré taillé dans la partie supérieure, dans lequel ils mettent et ils ôtent les choses qu'ils y renferment. Elles sont souvent peintes en noir, et garnies de dents de divers animaux ou ornées d'une frise et de figures d'oiseaux et de quadrupèdes. Des seaux ou baquets carrés ou oblongs,

dans lesquels ils gardent de l'eau et diverses choses ;
des coupes et des jattes de bois rondes ; de petits augets
de bois d'environ deux pieds de long et de peu de profondeur, dans lesquels ils mangent ; des paniers d'osier,
des sacs de nattes, etc., forment à peu près le reste de
leurs ménages.

Leur attirail de pêche ainsi que tous leurs effets se
trouvent épars à terre ou suspendus en différentes parties de la maison, mais sans aucun ordre ; l'intérieur
des cabanes n'offre que la confusion. Les bancs, qui servent de lits, sont les seuls endroits tenus avec quelque
soin ; on y voit des nattes plus propres et plus belles
que celles sur lesquelles ils s'asseient ordinairement
dans leurs pirogues.

La malpropreté et la puanteur de leurs habitations
égalent au moins le désordre qu'on y remarque ; ils
y sèchent et ils y vident leurs poissons, dont les en-
trailles, mêlées aux os et aux fragments qui sont la suite
des repas et d'autres vilenies, offrent des tas d'ordures
qui, je crois, ne s'enlèvent jamais, à moins que, devenus
trop volumineux, ils n'empêchent de marcher. En un
mot, leurs cabanes sont aussi sales que des étables de
cochons ; on respire partout, dans les environs, une
odeur de poisson, d'huile et de fumée.

Malgré ce désordre et ces ordures, la plupart de ces
maisons sont ornées de mauvaises statues. Ce sont
tout uniment des troncs de gros arbres, de quatre ou
cinq pieds de hauteur, dressés séparément ou par

couples, à l'extrémité supérieure de la cabane : le haut représente un visage d'homme ; les bras et les mains se trouvent taillés dans les côtés et peints de différentes couleurs ; l'ensemble offre une figure vraiment monstrueuse. Ils appellent ces statues du nom général de *Klumma*, et de celui de *Natchkoa* et de *Matseeta* deux d'entre elles qui étaient en face l'une de l'autre, à la distance de trois ou quatre pieds, et que nous vîmes dans l'une des maisons. Les statues étaient couvertes d'une natte, que les naturels ne se souciaient pas du tout d'ôter, et, lorsqu'ils consentirent à les découvrir, ils nous en parlèrent toujours d'une manière très mystérieuse. Il paraît qu'ils sont dans l'usage de leur faire quelquefois des offrandes ; nous le crûmes du moins, sur différents signes par lesquels ils semblèrent nous inviter à leur offrir quelque chose. D'après ces observations, nous pensâmes assez naturellement qu'elles représentent leurs dieux et qu'elles ont rapport à leur religion ou aux superstitions du pays ; au reste, nous eûmes des preuves du peu de cas qu'ils en font, car avec une très petite quantité de fer et de cuivre j'aurais pu acheter tous les dieux du village, si toutefois les statues dont je parle étaient des dieux : on me proposa d'acheter chacune de celles que je vis, et j'en achetai en effet deux ou trois petites.

La pêche et la chasse des animaux de terre et de mer destinés à la subsistance des familles paraissent être la principale occupation des hommes, car nous ne

les vîmes jamais travailler dans l'intérieur des maisons :
les femmes, au contraire, y fabriquaient des vêtements
de lin ou de laine, et elles y préparaient des sardines ;
elles les y apportent aussi du rivage, dans des paniers
d'osier, lorsque les hommes les ont déposés sur la grève,
au retour de la pêche. Elles montent de petites pirogues
et elles recueillent des moules et divers coquillages ;
elles vont peut-être en mer en d'autres occasions, puisqu'elles manœuvrent les embarcations avec autant de
dextérité que les hommes. Quand ceux-ci se trouvent
sur la même pirogue, ils ne paraissent pas avoir beaucoup d'attentions pour elles, ils ne leur proposent point
de manier eux-mêmes la pagaie, et ils ne leur témoi-
gnent d'ailleurs ni égard ni tendresse. La classe des
jeunes gens nous parut être la plus indolente et la plus
oisive ; nous les rencontrions en groupes séparés qui se
vautraient au soleil, ou qui, semblables à des cochons,
se roulaient dans le sable.

Ils se nourrissent de tous les animaux et de tous les
végétaux qu'ils peuvent se procurer, mais la portion de
subsistance qu'ils tirent du règne animal est beaucoup
plus considérable que celle qu'ils tirent du règne végétal.
La mer, qui leur fournit du poisson, des moules, des
coquillages plus petits, et des quadrupèdes marins, est
leur plus grande ressource. Ils ont surtout des harengs
et des sardines, les deux espèces de brême dont j'ai
parlé plus haut et de la petite morue : ils mangent les
harengs et les sardines dans leur état de fraîcheur : ils

en font, de plus, une provision de réserve, et, après les avoir séchés et fumés, ils les enferment dans des nattes qui forment des balles de trois ou quatre pieds carrés. Les harengs leur donnent une quantité considérable d'œufs ou de laites, qu'ils préparent d'une manière curieuse : ils saupoudrent de ces laites et de ces œufs de petites branches de pin du *Canada* et une longue herbe marine, que les rochers submergés produisent en abondance, et ils mangent ensuite le tout ; cette espèce de *kaviar*, si je puis me servir de ce terme, se garde dans des paniers ou des sacs de nattes, et ils s'en nourrissent au besoin, après l'avoir plongé dans l'eau. On peut le regarder comme leur pain d'hiver, et son goût n'est point désagréable. Ils mangent d'ailleurs les œufs et les laites de quelques autres poissons, qui doivent être fort gros, si j'en juge par la taille des grains ; mais ce *kaviar* a quelque chose de rance à l'odorat et au goût. Il paraît que c'est le seul poisson qu'ils préparent de cette manière, afin de le conserver longtemps ; car, quoiqu'ils découpent et séchent un petit nombre de brêmes, lesquelles sont assez abondantes, ils ne les fument pas comme les harengs et les sardines.

Ils ont des arcs, des frondes, des piques, des bâtons courts d'os qui ressemblent un peu au *patoo-patoo* de la Nouvelle-Zélande, une petite hache qui diffère peu du *tomahawk* ordinaire d'Amérique ; la pique a ordinairement une longue pointe d'os : la pointe de quelques-uns des traits est en fer, mais elle est ordinairement d'os et dentelée. Le tomahawk est une pierre de huit pouces de long, dont une des extrémités est terminée en pointe, et l'autre établie sur un manche de bois : le manche ressemble à la tête et au col d'une figure humaine : la pierre est posée dans la bouche, et on la prendrait pour une langue d'une grandeur énorme ; afin que la ressemblance frappe davantage, la tête est garnie de cheveux. Ils donnent à cette arme le nom de *taaveerh* et de *tsukeah*. Ils ont une autre arme de pierre, appelée *seeaik*, de neuf pouces ou d'un pied de longueur, qui a une pointe épaisse.

D'après le grand nombre d'armes de pierre et d'autres matières qu'on voit parmi eux, il paraît sûr qu'ils sont dans l'habitude de se battre corps à corps ; et la multitude de crânes humains qu'ils apportèrent à notre marché prouve d'une manière trop convaincante que leurs guerres sont fréquentes et meurtrières.

Leurs manufactures et leurs arts mécaniques sont bien plus étendus et bien plus ingénieux , par rapport au dessin et à l'exécution, que ne l'annonce le peu de progrès de leur civilisation à d'autres égards. Les vêtements dont ils se couvrent doivent être la première chose qui les occupe, et ce sont les ouvrages les plus importants de leurs fabriques. Ils tirent leurs étoffes des fibres de l'écorce d'un pin, qu'ils rouissent et qu'ils battent comme on rouit et comme on bat le chanvre. Ils ne la filent pas ; mais, lorsqu'ils l'ont préparée d'une manière convenable , ils l'étendent sur un bâton posé

sur deux autres qui se trouvent dans une position verticale. Elle est disposée de façon que l'ouvrier, assis
sur ses jarrets, au-dessous de cette machine bien
simple, y noue des fils tressés, séparés l'un de l'autre
par un intervalle d'un demi-pouce. D'après leurs pro-
cédés, l'étoffe n'est ni aussi serrée, ni aussi ferme que
celle qu'on fait au métier, mais les faisceaux qui de-
meurent entre les divers nœuds remplissent les intervalles et la rendent assez impénétrable à l'air ; elle a
d'ailleurs l'avantage d'être plus douce et plus souple.
Quoique leurs habits soient probablement fabriqués de
la même façon, ils ressemblent beaucoup à une étoffe
tissée ; mais les diverses figures qu'on y remarque ne
permettent pas de croire qu'on les a travaillées au métier, car il est fort invraisemblable que ces sauvages
aient assez d'adresse pour finir un ouvrage si compliqué
autrement qu'avec leurs mains. Leurs étoffes ont différents degrés de finesse ; quelques-unes ressemblent à
nos couvertures de laine les plus grossières, et d'autres
égalent presque nos couvertures les plus fines ; elles
sont même plus douces et plus chaudes. Le petit poil
ou plutôt le duvet, qui en est la matière première, paraît
venir de différents animaux, tels que le renard ou le
lynx brun : celui qui vient du lynx brun est le plus fin,
et, dans son état naturel, il a presque la couleur de nos
laines brunes grossières ; mais, en le travaillant, ils y
mêlent les grands poils de la robe des animaux, ce qui
donne à leurs étoffes une apparence un peu différente.

Les ornements ou les figures répandus sur leurs habits sont disposés avec beaucoup de goût ; ils offrent ordinairement diverses couleurs : les plus communes sont le brun foncé ou le jaune ; cette dernière, quand elle est fraîche, égale en éclat les plus beaux de nos tapis.

La construction des pirogues est fort simple, mais elles paraissent très propres à l'usage auquel on les destine : un seul arbre compose les plus étendues, qui portent vingt hommes, et quelquefois davantage ; on en voit beaucoup qui ont quarante pieds de long, sept de large et trois de profondeur. Elles se rétrécissent peu à peu depuis le milieu jusqu'aux deux extrémités ; l'arrière se termine brusquement, et par une ligne perpendiculaire ; elles présentent une bosse au sommet de l'étambot, mais l'avant se prolonge davantage : il se déploie en ligne horizontale et verticale, et il se termine par une pointe en saillie, ou par une proue beaucoup plus élevée que les flancs. La plupart de ces embarcations n'ont aucun ornement, mais quelques-unes sont chargées d'un peu de sculpture, et ornées de dents de veaux marins, posées sur la surface en forme de clous, pareilles aux dents qu'on voit sur leurs masques et sur leurs armes. Il y en a un petit nombre qui offrent une espèce de proue surajoutée ; cette proue surajoutée ressemble à un large taille-mer, et elle représente la figure d'un animal. On n'y trouve d'autres siéges ou d'autres appuis que des bâtons arrondis, un peu plus gros qu'une canne, placés en travers à mi-profondeur.

Elles sont très légères, et, étant plates et larges, elles voguent sur les flots d'une manière assurée, sans avoir un balancier : distinction remarquable entre les canots des peuplades américaines et ceux des parties méridionales des grandes Indes et des îles de l'océan Pacifique. Les pagaies sont petites et larges ; elles ont à peu près la forme d'une large feuille, épointée au sommet, plus étendue au milieu et se rétrécissant peu à peu jusqu'à la tige ; leur largeur est d'environ cinq pieds. Les naturels, habitués à en faire usage, les manient avec beaucoup de dextérité, car ils n'ont pas encore introduit les voiles dans leur navigation.

Leur attirail de pêche et de chasse est ingénieux et d'une exécution heureuse. Il est composé de filets, d'hameçons, de lignes, et d'un instrument qui ressemble à une rame. Cet instrument a environ vingt pieds de long, quatre ou cinq pouces de large, et à peu près un demi-pouce d'épaisseur : chacun des bords, dans les deux tiers de la longueur (l'autre tiers forme le manche), est garni de dents aiguës, d'environ deux pouces de saillie. Les naturels s'en servent pour attaquer les harengs, les sardines et les autres petits poissons qui arrivent en radeaux ; ils le plongent au milieu du radeau, et le poisson se prend sur ou entre les dents. Leurs hameçons sont d'os et de bois, et assez grossiers ; mais les harpons avec lesquels ils frappent les baleines et les autres animaux de mer de moindre grosseur annoncent un esprit fort inventif : il est composé d'une pièce d'os qui présente deux barbes dans lesquelles est fixé le tranchant ovale d'une large coquille de moule qui forme la pointe ; il porte deux ou trois brasses de corde ; et pour le jetter, ils emploient un bâton de douze à quinze pieds de long : la ligne ou la corde est attachée à une extrémité, le harpon est fixé à l'autre, de manière à se détacher du bâton qui flotte sur l'eau comme une bouée, lorsque l'animal s'enfuit avec le harpon.

Quant aux matériaux qui composent leurs divers ouvrages, il faut observer que toutes leurs cordes sont des lanières de peau et de nerfs, ou cette écorce d'arbre avec laquelle ils fabriquent leurs manteaux. Nous vîmes souvent des nerfs d'une si grande longueur qu'ils semblaient ne pouvoir venir que de la baleine. Les os dont ils font quelques-unes de leurs armes, les instruments dont ils se servent pour battre l'écorce, les pointes de leurs piques et les barbes de leurs harpons doivent être aussi des os de baleines.

Il faut peut-être attribuer à leurs outils de fer la dextérité avec laquelle ils travaillent le bois ; ils ne paraissaient pas en employer d'autres, du moins nous n'avons vu parmi eux qu'un ciseau d'os. Il est assez vraisemblable qu'ils ont imaginé la plupart de leurs méthodes expéditives depuis qu'ils ont acquis la connaissance de ce métal, dont ils se servent aujourd'hui toutes les fois qu'ils veulent façonner du bois. Nous ne nous sommes pas aperçus qu'ils donnent à ce fer d'autre forme que celle du ciseau et du couteau. Leur ciseau est

un long morceau de fer plat, adapté à un manche de
bois. Une pierre leur tient lieu de maillet, et une peau
de poisson, de polissoir. J'ai vu quelques-uns de ces
ciseaux de huit ou dix pouces de longueur et de trois
ou quatre de large, mais en général ils étaient plus
petits. La longueur de leurs couteaux varie ; il y en a
de très grands qui ont des tranchants recourbés, et qui
ressemblent un peu à nos serpes, mais le taillant est sur
la partie convexe. La plupart de ceux que nous rencontrâmes étaient à peu près de la largeur et de l'épaisseur
du cercle de fer qui environne les barriques, et la singularité de leurs formes indique qu'ils ne sont pas de
fabrique européenne. Il est vraisemblable qu'on les a
faits sur le modèle des premiers instruments de pierre
ou d'os dont ils se servaient jadis. Ils aiguisent les outils
de fer sur une ardoise grossière, et ils ont soin de les
tenir toujours fort luisants.

Le fer, qu'ils appellent *feekemaile,* nom qu'ils donnent aussi à l'étain et à tous les métaux blancs, étant
très commun, nous ne manquâmes pas de rechercher
comment ils ont pu se procurer une chose aussi utile.
Ils nous prouvèrent, dès les premiers moments de notre
arrivée, qu'ils étaient habitués à une sorte de trafic et
qu'ils aimaient à faire des échanges. Nous nous aperçûmes bientôt qu'ils ne devaient pas cette connaissance
à une entrevue passagère avec des étrangers ; que c'était
parmi eux un usage constant, que cet usage leur plaisait beaucoup, et qu'ils savaient fort bien tirer parti de

ce qu'ils voulaient nous vendre ; mais je n'ai pu savoir précisément avec qui ils font ce petit commerce. Quoique nous ayons trouvé parmi eux des choses qui étaient sûrement de fabrique européenne, ou du moins qui venaient d'un peuple civilisé, du fer et du cuivre par exemple, il paraît qu'ils ne les ont pas reçues immédiatement des Européens, ou des nations civilisées établies en d'autres parties de l'Amérique, car ils ne nous donnèrent lieu de croire en aucune manière qu'ils eussent vu des bâtiments pareils aux nôtres, ou qu'ils eussent commercé avec des équipages aussi nombreux et aussi bien approvisionnés. Une multitude de raisons semblent même démontrer le contraire : dès qu'ils nous virent parmi eux, ils s'empressèrent de nous demander par signes si nous voulions nous établir dans leur pays, et si nous avions des intentions amicales ; ils nous avertirent en même temps qu'ils nous fourniraient généreusement de l'eau et du bois : d'où il résulte qu'ils regardaient cette partie de l'*Amérique* comme leur propriété, et qu'ils ne nous redoutaient point. Ces questions ne seraient pas naturelles si des vaisseaux eussent abordé avant nous ici, et si, après avoir fait des échanges avec les sauvages et avoir embarqué un supplément d'eau et de bois, ils étaient partis : dans ce cas, les naturels devaient compter que nous ferions la même chose. Il est vrai qu'ils ne montrèrent aucune surprise à l'aspect de nos vaisseaux, mais, ainsi que je l'ai déjà observé, on peut attribuer cette indifférence à leur paresse naturelle et à leur défaut de curiosité. L'explosion d'un fusil ne leur causait pas même de tressaillement. Un jour cependant qu'ils essayaient de nous faire comprendre que leurs traits et leurs piques ne perçaient pas les vêtements de peaux dont ils se couvrent quelquefois, un de nos messieurs ayant percé avec une balle une de ces cuirasses qui contenait six doubles, un si grand prodige leur causa une extrême émotion, et ils nous prouvèrent clairement qu'ils ne connaissaient pas l'effet des armes à feu. Cette vérité nous fut confirmée souvent par la suite, lorsque nous les habituâmes, dans leur village et en d'autres endroits, à se servir du fusil pour tuer des oiseaux ; notre méthode les confondait, et, à la manière dont ils nous écoutèrent quand nous leur expliquâmes l'usage de la poudre et du plomb, il nous fut démontré qu'ils n'avaient jamais rien vu de pareil.

Je terminerai mes remarques sur ces sauvages en observant qu'on aperçoit, entre eux et les habitants des îles de l'océan Pacifique, des différences essentielles, relativement à la figure et aux usages, ou à la langue du pays ; qu'on ne peut donc pas supposer que leurs ancêtres respectifs formèrent originairement une même tribu, ou qu'ils avaient des liaisons intimes lorsqu'ils abandonnèrent leurs premiers établissements pour se retirer dans les lieux où l'on trouve aujourd'hui leurs descendants.

CHAPITRE XII.

Nous remîmes en mer le 26 avril au soir, comme je l'ai raconté plus haut, et, n'ayant que des vents légers, nous fîmes si peu de chemin que nous mîmes plus de dix jours à atteindre la baie de Behring ; je mouillai, le 12, au-dessous du cap Hinchingbroke, à quelque distance d'un petit groupe d'îles, et je chargeai M. Gore de descendre sur ces îles et d'y tuer, s'il était possible, quelques oiseaux bons à manger. Du moment où il en approcha, vingt hommes se montrèrent sur deux grosses pirogues, et il crut devoir regagner les vaisseaux : les sauvages qui le suivirent ne voulurent point venir à la hanche de nos bâtiments, mais ils se tinrent à une certaine distance en poussant des cris, en étendant et en rapprochant leurs bras, et ils entonnèrent bientôt une chanson qui ressemblait exactement à celle des habitants de Nootka ; leurs têtes étaient aussi poudrées de plumes. L'un d'eux agitait un habit blanc, que nous prîmes pour un gage d'amitié ; un autre se tint presque un quart d'heure debout dans la pirogue, les bras en croix, sans se mouvoir.

Durant la nuit, le vent souffla avec impétuosité, jusqu'au matin ; mais cela n'empêcha pas trois des naturels de venir nous voir. Ils arrivèrent sur deux pirogues qui n'auraient pu en porter un plus grand nombre, car elles étaient construites de la même manière que celles des Esquimaux ; l'une avait deux troncs et l'autre n'en avait qu'un. Chacun de ces sauvages tenait un bâton d'environ trois pieds de longueur, auquel étaient attachées de grosses plumes ou des ailes entières d'oiseaux. Ils tournèrent souvent ces bâtons vers nous, et, selon ce que nous conjecturâmes, dans la vue de nous annoncer leurs dispositions pacifiques.

Plusieurs autres, déterminés par l'accueil que nous fîmes à ceux-ci, vinrent nous voir sur de grandes pirogues et commencèrent leurs échanges. Parmi ceux qui arrivèrent sur la *Résolution*, je distinguai un homme d'un âge moyen, qui avait une physionomie intéressante et que je reconnus ensuite pour le chef. Des peaux de loutres de mer composaient son vêtement, et un chapeau orné de grains de verre bleu ciel, de la taille d'un gros pois, et pareil à ceux que portent les habitants de l'Entrée de Nootka, couvrait sa tête. Il paraissait attacher beaucoup plus de prix à ces grains de verre qu'à nos grains de verre blancs. Ces sauvages estimaient d'ailleurs les grains de verre, de quelque espèce qu'ils fussent, et, pour en avoir, ils s'empressèrent de nous donner en échange tout ce qu'ils possédaient, même leurs belles peaux de loutres de mer. Je dois observer qu'ils mirent plus de valeur à ces fourrures qu'aux autres, mais ce fut seulement après que nos gens eurent montré plus d'empressement à s'en procurer, et même, depuis cette époque, ils aimaient mieux nous céder des habits de peaux de loutres de mer que des habits de peaux de chats sauvages ou de martres. La même chose nous était arrivée à l'*Entrée de Nootka*.

Ils désiraient aussi du fer, mais ils nous en demandèrent des morceaux d'au moins huit à dix pouces de longueur et de trois ou quatre doigts de largeur ; ils rejetèrent absolument les petites pièces, et, cet article étant devenu rare dans nos deux vaisseaux, ils en obtinrent de nous une quantité considérable. Les pointes de quelques-unes de leurs piques ou lances étaient de ce métal, d'autres étaient en cuivre ; il y en avait un petit nombre d'os, matière dont les pointes de leurs dards, de leurs traits se trouvent composées. Je ne pus déterminer le chef à descendre sous le pont, et ni lui ni ses camarades ne demeurèrent longtemps à bord ; mais, tant que dura leur visite, il fallut les surveiller soigneusement, car ils montrèrent bientôt leurs dispositions pour le vol. Quand ils eurent passé trois ou quatre heures à la hanche de la *Résolution*, ils nous quittèrent tous et ils se rendirent auprès de la *Découverte* ; aucun d'eux n'y avait été jusqu'alors, si j'en excepte un homme qui en arriva au moment où ils s'éloignaient de nous, et qui les y ramena. Je pensai qu'il avait remarqué sur le vaisseau des choses qu'il savait être plus du goût de ses compatriotes que ce qu'il avait aperçu sur la *Résolution* : je me trompais, ainsi qu'on le verra bientôt.

Dès qu'ils furent partis, un de mes canots alla chercher le fond de la baie. Comme le vent était modéré, je songeais à échouer la *Résolution*, si je venais à bout de trouver un endroit propre à arrêter la voie d'eau qui s'était produite pendant notre traversée après *Nootka*. Les sauvages ne tardèrent pas à s'éloigner de la *Découverte*, et, au lieu de revenir près de nous, ils marchèrent vers le canot occupé à prendre des sondes. L'officier qui le commandait, observant leur manœuvre, revint à bord et il fut suivi de toutes les pirogues. Le détachement fut à peine rentré sur la *Résolution*, que quelques-uns des Américains sautèrent dans le canot, malgré les deux hommes de garde que nous y avions laissés. Les uns présentèrent leurs piques à nos deux sentinelles, d'autres s'emparèrent de la corde qui attachait le canot à la *Résolution*, et le reste entreprit de l'emmener à la remorque. Mais ils le relâchèrent dès qu'ils nous virent disposés à le défendre par la force : ils en sortirent pour remonter sur leur embarcation. Ils nous firent signe de mettre bas les armes, et ils semblaient aussi tranquilles que s'ils n'avaient rien fait de malhonnête. Ils avaient formé, à la hanche de la *Dé-*

couverte, une autre entreprise, peut-être encore plus audacieuse.

L'homme qui était venu près de nous, et qui avait mené ses compatriotes vers l'autre vaisseau, avait examiné toutes les écoutilles de la *Découverte*, et, n'apercevant que l'officier de garde et un ou deux matelots, il crut, sans doute, qu'à l'aide de ses camarades, il pourrait aller piller le vaisseau du capitaine Clerke. Ce projet lui parut d'autant plus facile que la *Résolution* se trouvait à quelque distance; c'est sûrement dans cette intention qu'ils s'y rendirent tous. Plusieurs d'entre eux montèrent à bord sans aucune cérémonie; ils tirèrent leurs couteaux; ils firent signe à l'officier et à l'un des matelots qui étaient sur le pont de se tenir à l'écart, et ils promenèrent leurs regards de côté et d'autre afin de voler ce qui leur conviendrait. Ils s'emparèrent d'abord du gouvernail d'un des canots, et ils le jetèrent à ceux d'entre eux qui se tenaient dans les pirogues; ils n'avaient pas eu le temps de découvrir un autre objet qui plût à leur imagination, que l'équipage de la *Découverte* prit l'alarme et se montra armé de coutelas. A cet aspect, les voleurs se retirèrent dans leurs embarcations, avec autant d'assurance et de sang-froid qu'ils avaient abandonné le canot de la *Résolution*, selon l'observation du capitaine Clerke; ils racontèrent à ceux qui n'avaient pas été à bord de combien les couteaux du vaisseau étaient plus longs que les leurs. Mon canot prenait des sondes. Sur ces entrefaites, ils l'aperçurent, et, ainsi que je l'ai dit, ils l'abordèrent après avoir vu échouer leur projet contre la *Découverte*. Je suis persuadé que, s'ils vinrent nous voir de si grand matin, ils comptaient nous trouver endormis et nous voler à leur aise.

Au moment où nous allions appareiller afin de pénétrer plus loin dans la baie, le vent et la pluie reprirent avec la même force qu'auparavant, en sorte que nous ne pûmes encore mettre à la voile. Nous attendîmes donc forcément un jour, et, les vents ayant cessé, nous reprîmes notre route, et nous quittâmes l'Entrée, à laquelle je donnai le nom d'*Entrée du Prince-Guillaume*.

Nous appareillâmes dès que la marée nous fut favorable, et, à l'aide d'une brise légère, nous redescendîmes la rivière jusqu'au moment où le flot nous obligea de mouiller de nouveau. Enfin, à une heure du matin du jour suivant, il s'éleva une brise fraîche avec laquelle nous mîmes à la voile, et, après avoir dépassé les îles de la Trinité, nous découvrîmes la terre dans le nord-ouest, malgré la brume; nous n'en étions plus éloignés que de trois ou quatre milles. Nous gouvernâmes tout de suite au sud en serrant le vent; la nuit, la brume revint, et durant toute la nuit nous ne découvrîmes plus la terre.

Le matin, nous dépassâmes les îles Kodiak. Peu de temps après, la *Découverte*, éloignée de deux milles, tira trois coups de canon; elle mit en panne, et elle m'avertit par un signal qu'on voulait me parler. Je fus très alarmé, et crus de suite à un danger ou à quelque accident. Un canot que j'envoyai revint bientôt avec le capitaine Clerke. Je sus que quelques naturels, montant trois ou quatre pirogues, étaient enfin venus à l'arrière de son vaisseau, après l'avoir suivi assez longtemps. L'un d'eux ôta son chapeau, fit la révérence et plusieurs signes à la manière des Européens. On lui jeta une corde, à laquelle il attacha une petite boîte, et, quand il vit que l'équipage de la *Découverte* tenait la boîte, il prononça quelques mots qu'il accompagna de différents gestes, et il emmena les pirogues. Les gens du capitaine Clerke n'ayant pas imaginé que la boîte contînt quelque chose, ils ne l'ouvrirent qu'après le départ des naturels du pays, et encore ce fut par hasard : ils y trouvèrent un morceau de papier, plié soigneusement, sur lequel il y avait de l'écriture. On supposa que cette écriture était en langue russe. Nous remarquâmes en tête une date de 1778, et le corps du billet indiquait l'année 1776. Il n'y avait à bord personne d'assez habile pour déchiffrer l'alphabet de l'écrivain ; les chiffres arabes qu'offrait la lettre annonçaient assez que nous avions été précédés dans cette partie du monde par des hommes qui connaissaient les arts de l'Europe, et l'espoir de rencontrer bientôt des négociants russes ne pouvait manquer de nous faire un grand plaisir, car nous étions réduits depuis longtemps à la société des sauvages de la mer Pacifique et de l'Amérique septentrionale.

Le capitaine Clerke crut d'abord que les Russes avaient fait naufrage ici, et que ces malheureux, voyant passer nos vaisseaux, avaient imaginé de nous écrire pour nous instruire de leur situation. Brûlant du désir de les soulager, il m'avait averti par un signal de l'attendre, et il voulait conférer avec moi sur les moyens d'exécuter l'œuvre de bienfaisance qu'il méditait. Je ne pensai pas, comme lui, qu'il fût question de naufrage dans la lettre. Il me parut clair que, dans ce cas, les hommes abandonnés sur cette île auraient commencé par envoyer aux vaisseaux quelques-uns de leurs compagnons d'infortune, afin de se procurer plus sûrement des secours auxquels ils devaient attacher un si grand prix. Je jugeai que la lettre avait été écrite par un des négociants russes qui avaient abordé depuis peu sur cette terre, et qu'elle renfermait plutôt des informations pour ceux de ses compatriotes qui y viendraient ensuite ; que les naturels du pays, nous ayant aperçus et nous supposant des Russes, s'étaient décidés à l'apporter, dans l'espérance que nous nous arrêterions. Intimement convaincu que je ne me trompais pas, je ne m'arrêtai point pour éclaircir ce fait ; mais je fis de la voile, et je cinglai à l'ouest, le long de la côte, je devrais peut-être dire le long des îles, car j'ignore encore si la terre la plus voisine de nous, à droite, forme des îles ou une partie du continent ; si elle n'est pas découpée en îles, la côte offre des baies assez étendues et assez profondes.

Nous marchâmes toute la nuit, et, par quelques heures

de calme, nos gens prirent environ cent plies, dont quelques-unes pesaient plus de cent livres ; les moindres en pesaient vingt. Ces rafraîchissements nous arrivaient fort à propos. L'eau avait trente-cinq brasses de profondeur dans l'espace où nous pêchâmes, c'est-à-dire à trois ou quatre milles de la côte. Une petite pirogue, conduite par un homme, arriva de la grande île près de nous ; lorsqu'il s'approcha de la *Résolution*, il ôta son chapeau et fit une révérence, de la même manière que ceux qui étaient allés à la hanche de la *Découverte* la veille. D'après la lettre dont j'ai parlé plus haut, et d'après la politesse de ces insulaires, il était évident que les Russes entretenaient des communications et un commerce avec eux, mais nous en eûmes une nouvelle preuve ; celui qui vint nous trouver ici portait des culottes de drap vert, et, au-dessous de la souquenille ou robe de boyaux dont se revêtent les naturels du pays, une jaquette de laine noire. Il n'avait rien à vendre qu'une peau de renard gris et des meubles ou des harpons de pêche ; les pointes de ces harpons étaient d'os et proprement travaillées dans la longueur de plus d'un pied ; elles étaient de l'épaisseur d'une canne ordinaire, et sculptées. Nous aperçûmes dans son canot une vessie remplie de quelque chose que nous prîmes pour de l'huile ; car il l'ouvrit, et, après avoir rempli sa bouche de ce qu'elle contenait, il la referma.

La pirogue était de la même confection que celles que nous avions vues auparavant, mais plus petite. Il se servait de la pagaie à double pale ; les naturels qui étaient allés à la hanche de la *Découverte* s'en servaient aussi. Il ressemblait exactement, par la taille et par les traits, aux sauvages que nous avions trouvés dans l'Entrée du *Prince-Guillaume;* mais son corps n'offrait aucune peinture, sa lèvre était trouée dans une direction oblique et sans ornement. Nous lui dîmes quelques-uns des mots que répétèrent souvent les Américains que nous avions quittés en dernier lieu : il ne parut pas les comprendre. On doit peut-être attribuer ceci à notre mauvaise prononciation, plutôt qu'à son ignorance du dialecte.

Le 27 juin, après avoir appareillé à sept heures, nous gouvernâmes au nord, entre l'île au-dessous de laquelle nous avions jeté l'ancre et une autre petite île qui est voisine. La terre nous environnait alors de tous côtés ; la portion qui se montrait au sud se prolongeait au sud-ouest et offrait une chaîne de montagnes, mais nous ne pouvions découvrir si elle formait une ou plusieurs îles. Nous reconnûmes ensuite qu'elle n'en forme qu'une, et qu'elle est connue sous le nom d'*Oonolashka.* Entre cette île et la terre au nord qui ressemblait à un groupe d'îles, il semblait y avoir un canal dans la direction du nord-ouest. Nous distinguâmes plusieurs naturels, ainsi que leurs habitations, sur une pointe qui est située à l'ouest, et à trois quarts de mille du vaisseau. Les sauvages remorquaient deux baleines ; nous supposâmes qu'ils venaient de les tuer. Un petit nombre

d'entre eux se rendirent à bord de temps à autre, et ils
échangèrent avec nous quelques bagatelles ; mais jamais
ils n'y demeurèrent plus d'un quart d'heure à la fois.
Ils paraissaient très craintifs et très réservés ; nous
jugeâmes cependant qu'ils avaient déjà vu des bâtiments
pareils aux nôtres, et ils montrèrent un degré de politesse que ne connaissent pas les peuples sauvages.

A une heure de l'après-midi, nous eûmes une jolie
brise qui nous permit d'appareiller, et le lendemain nous
mîmes à la voile à la pointe du jour. Comme nous avions
pour nous un flot rapide, la *Résolution* atteignit le
milieu du canal avant le retour du jusant. La *Découverte* ne fut pas aussi heureuse ; rejetée en arrière,
elle tomba dans le ras de marée, et elle eut un peu de
peine à s'en dégager. Dès que nous fûmes en dedans du
canal, nous reconnûmes que la terre, d'une de ses côtes,
s'étendait à l'ouest et au sud-ouest ; et comme nous
manquions d'eau, je me décidai à mouiller.

Tandis que nous étions à l'ancre, plusieurs naturels,
dont chacun montait une pirogue, arrivèrent près de
nous, et ils échangèrent, contre du tabac, un petit
nombre d'instruments de pêche. L'un d'eux, qui était
très jeune, renversa son canot au moment où il se trouvait à la hanche de l'un des nôtres. Nos gens le saisirent
dans la mer ; mais son embarcation, entraînée au gré
des flots, fut recueillie par un autre insulaire qui la
ramena à la côte. Cet accident obligea ce jeune homme
de venir sur mon bord ; il descendit dans ma chambre,

dès l'instant où nous l'engageâmes à y descendre, et il ne montra ni répugnance ni malaise. Il portait une première robe de la forme d'une chemise, composée de larges boyaux d'un animal marin, vraisemblablement celui d'une baleine, et, par dessous, un vêtement de la même forme, de peaux d'oiseaux garnies de leurs plumes et cousues proprement. Ses habits étant mouillés, je lui en donnai d'autres, dont il se revêtit avec autant d'aisance que j'aurais pu le faire. Son maintien et celui de quelques autres de ses compatriotes nous firent croire qu'ils connaissaient les Européens et plusieurs de nos usages. Au reste, nos vaisseaux excitaient beaucoup leur curiosité, car ceux qui ne purent s'y rendre en pirogue s'assemblèrent sur les collines voisines pour regarder des bâtiments aussi extraordinaires.

Nous appareillâmes à la mer basse, et on remorqua la *Résolution* dans le havre, où nous mouillâmes par neuf brasses, fond de sable et de vase. La *Découverte* y arriva bientôt après. La pinasse alla faire de l'eau, et un canot fut envoyé à la pêche ; mais nous ne prîmes que quatre truites et quelques autres petits poissons.

Nous fûmes à peine mouillés qu'un habitant de l'île m'apporta une seconde lettre pareille à celle qu'avait reçue le capitaine Clerke. Il me la présenta ; mais elle se trouva écrite en russe, langue qu'aucun de nous n'entendait, comme je l'ai déjà observé ; si elle m'était inutile, elle pouvait servir à d'autres, et je la rendis au porteur, que je renvoyai avec des présents : il me fit plusieurs révérences profondes.

Me promenant, le lendemain, le long de la côte, je rencontrai un groupe d'insulaires des deux sexes assis sur l'herbe ; ils faisaient un repas composé de poissons crus qu'ils semblaient manger avec autant de plaisir que nous mangeons un turbot servi dans la sauce la plus délicate. Le soir nous avions achevé de remplir nos futailles et terminé les observations que comportèrent le temps et la brièveté de notre mouillage.

CHAPITRE XIII.

Partis d'Oonolashka le 2 juillet, nous appareillâmes
le 21 à trois heures du matin, et nous repliâmes au sud ;
trois canots marchaient en avant pour nous guider.
Malgré cette précaution, notre retour fut plus difficile
que notre arrivée, et nous nous vîmes enfin obligés de
jeter l'ancre pour ne pas échouer sur un bas-fonds,
où la sonde ne rapportait que cinq pieds. Durant notre
mouillage, vingt-sept hommes du pays, qui montaient
chacun une pirogue, arrivèrent aux vaisseaux, dont
ils s'approchèrent d'une manière fort timide ; ils poussèrent des cris et ils étendirent les bras à mesure qu'ils
s'avancèrent. Nous jugeâmes ces démonstrations amicales. Enfin quelques-uns s'approchèrent assez pour
recevoir des bagatelles que nous leur jetâmes. Nos
présents encouragèrent les autres à venir à la hanche
de nos bâtiments, et ils commencèrent des échanges
avec nous ; ils nous vendirent des fourrures, des arcs,
des traits, des dards, des vases de bois. Ils acceptèrent,

d'un air satisfait, tout ce que nous leur offrîmes en retour. Ils paraissaient de la même race que les sauvages que nous rencontrions depuis quelque temps sur la côte. Ils portaient les mêmes ornements aux lèvres et au nez, mais ils étaient beaucoup plus sales et ils n'étaient pas si bien vêtus. Ils semblaient n'avoir jamais vu aucun Européen ; ils ne connaissaient pas l'usage du tabac, et nous ne trouvâmes parmi eux aucun article de manufacture étrangère, à moins qu'on ne veuille regarder comme tel un couteau que nous aperçûmes entre leurs mains. Ce couteau n'était autre chose qu'un morceau de fer adapté à un manche de bois. Cependant ils savaient si bien la valeur de cet instrument, qu'ils y mettaient un grand prix et qu'ils nous demandaient instamment de leur en donner de pareils. La plupart avaient les cheveux rasés ou coupés très près ; ils n'en avaient gardé que deux touffes qui pendaient derrière ou de côté. Leur tête était couverte d'un capuchon de fourrure et d'un bonnet que nous jugeâmes de bois. Nous achetâmes une espèce de ceinture, partie de leur habillement ; elle était de fourrure, proprement faite, et chargée d'une garniture flottante qui se passe entre les cuisses. Il y a lieu de croire, d'après cette ceinture, qu'ils vont quelquefois nus, malgré la rigueur du climat, car ils la portent rarement au-dessous de leur vêtement ordinaire.

Leurs pirogues étaient de peaux, ainsi que toutes les autres que nous avions vues en dernier lieu ; seulement elles avaient plus de largeur, et le trou dans lequel on s'assied était plus grand que sur aucune de celles que j'avais rencontrées jusqu'alors. Le retour des canots qui venaient de prendre les sondes parut les alarmer, car ils s'en allèrent tous, et il est probable qu'ils seraient partis plus tard sans cet incident.

..... M. Anderson, mon chirurgien, attaqué de la consomption depuis plus d'un an, mourut entre trois et quatre heures du soir. C'était un jeune homme plein de sentiment et d'esprit, et d'une société agréable; il savait bien son art et il avait acquis beaucoup d'autres connaissances en d'autres parties. Les lecteurs remarqueront, sans doute, combien il m'avait été utile dans le cours du voyage; et si la mort ne fût venue le frapper, le public, j'en suis sûr, aurait reçu de lui des mémoires sur l'histoire naturelle des pays où nous avons abordé, qui prouveraient, d'une manière démonstrative, combien il était digne des éloges que je lui donne ici. Peu de temps après qu'il eut rendu le dernier soupir, nous aperçûmes une terre dans l'ouest, à douze lieues; nous supposâmes que c'était une île, et je l'appelai île *Anderson*, afin de perpétuer la mémoire d'un homme que j'aimais et que j'estimais beaucoup. Le lendemain je fis venir M. Law, chirurgien de la *Découverte*, à bord de la *Résolution*, et je nommai chirurgien de la *Découverte* M. Samuel, premier aide-chirurgien de mon vaisseau.

..... Le 5 août, à dix heures du matin, nous mîmes à

la voile à l'aide d'un vent du sud-ouest, et nous ne tardâmes pas à mouiller entre l'île et le continent. Je débarquai de suite après dans l'île, accompagné de M. King et de quelques autres officiers. J'espérais y découvrir la côte et la mer à l'ouest, mais la brume était très épaisse dans cette direction, et je n'y eus pas une vue plus étendue qu'au vaisseau. La côte d'Amérique paraissait tourner au nord, depuis une pointe basse que j'ai appelée *pointe Rodney;* cette pointe nous restait à trois quarts de lieue de l'île, mais les terrains élevés, qui prenaient une direction plus septentrionale, se montraient beaucoup plus avant.

Cette île, que j'ai nommée *île du Traîneau,* a environ quatre lieues de circonférence. La surface du terrain, en général, offre de grosses pierres détachées, qui sont, en bien des endroits, couvertes de mousses et de végétaux. Nous comptâmes plus de vingt ou trente espèces de ces végétaux, et la plupart étaient en fleur.

Un petit terrain bas près de la grève, où nous débarquâmes, produisait une quantité considérable de pourpier sauvage, de pois, d'angélique. Nous en remplîmes le canot, et je fis mettre ces légumes dans la soupe. Nous vîmes un renard, quelques pluviers et divers petits oiseaux, et nous rencontrâmes des cabanes en ruines, construites en partie sous terre. Aussi des hommes avaient été depuis peu sur cette île, et il est clair que les habitants de la côte voisine y viennent pour un objet quelconque, car il y avait un sentier battu d'une extrémité à l'autre. Nous trouvâmes, à peu de distance de la grève où nous mîmes à terre, un traîneau qui me détermina à donner à l'île le nom que j'ai dit plus haut. Nous le jugeâmes semblable à ceux qu'emploient les habitants du Kamtschatka pour faire leurs transports sur la glace ou la neige. Il avait dix pieds de longueur et vingt pouces de large ; il était garni de ridelles par le haut et d'os par en bas. Sa construction nous parut admirable ; ses diverses parties étaient jointes d'une manière très soignée, les unes avec des chevilles de bois, et la plupart avec des courroies ou des lanières de baleine.

Nous appareillâmes le jour suivant, et, le 10 à la pointe du jour, nous mouillions, à dix heures du matin, dans une grande baie.

Au moment où nous entrâmes dans cette baie, nous aperçûmes, sur la côte septentrionale, un village et des habitants, à qui la vue de nos vaisseaux parut inspirer du trouble et de la crainte. Nous distinguions nettement des gens qui marchaient vers l'intérieur du pays, avec des fardeaux sur leurs épaules. Je résolus de débarquer près de leurs habitations, qui frappaient nos regards, et je me mis en effet en route avec trois canots armés et quelques-uns de mes officiers. Trente ou quarante hommes qui portaient une hallebarde, un arc et des traits étaient rangés en bataille sur un monticule près du village ; à mesure que nous approchâmes, trois d'entre eux descendirent sur la grève ; ils ôtèrent leurs chapeaux, et ils nous firent des révérences profondes. Nous répondîmes à leurs politesses ; mais cet accueil de notre part ne leur inspira pas assez de confiance pour attendre que nous eussions débarqué, car ils se retirèrent au moment où nos canots touchèrent le rivage. Je les suivis seul, sans rien tenir à la main ; je les déterminai, par mes signes et mes gestes, à s'arrêter et à recevoir en présents quelques bagatelles. Ils me donnèrent en retour deux peaux de renards et deux dents de cheval de mer. J'ignore si les largesses commencèrent de leur côté ou du mien ; il me parut qu'ils avaient apporté ces choses afin de me les offrir, et qu'ils me les auraient présentées quand même ils n'auraient rien reçu de moi.

Je les jugeai très craintifs et très circonspects, et ils me prièrent par gestes de ne pas laisser avancer les gens de ma troupe ; l'un d'entre eux, sur les épaules duquel je voulus mettre la main, tressaillit et recula de plusieurs pas. Ils se retirèrent à mesure que j'approchai ; ils étaient prêts à faire usage de leurs piques, et ceux qui se trouvaient sur le monticule se disposaient à les soutenir avec leurs traits. J'arrivai insensiblement au milieu d'eux, ainsi que deux ou trois de mes compagnons. Des grains de verre que je leur distribuai leur inspirèrent bientôt une espèce de confiance ; ils ne s'alarmèrent plus lorsqu'ils virent que quelques autres de mes gens venaient nous joindre, et les échanges entre nous commencèrent peu à peu.

Nous leur donnâmes des couteaux, des grains de verre, du tabac, et ils nous donnèrent plusieurs de leurs vêtements et un petit nombre de traits ; mais rien de ce que nous leur offrîmes ne put les engager à nous céder une pique ou un arc. Ils eurent soin de les tenir toujours en arrêt ; ils ne les quittèrent jamais, si j'en excepte quatre ou cinq hommes qui les déposèrent une fois pour nous régaler d'une danse ou d'une chanson ; ils ne manquèrent pas même alors de les placer de manière à pouvoir les reprendre dans un instant. Ils désirèrent, pour leur sûreté, que nous nous tinssions assis.

Leurs traits étaient armés d'os ou de pierres ; mais nous en remarquâmes très peu de barbelés, et quelques-uns avaient une pointe émoussée. Je ne puis dire à quel usage ils emploient ces derniers, à moins qu'ils ne s'en servent pour tirer de petits animaux, sans gâter la fourrure. Leurs arcs ressemblent assez à ceux que nous avons vus sur la côte d'Amérique et à ceux qu'on trouve parmi les Esquimaux ; les piques et les hallebardes étaient de fer ou d'acier, et de fabrique européenne ou asiatique : on s'était donné beaucoup de peine pour les orner de sculptures et de pièces de rapport, d'airain ou d'un métal blanc. Ceux qui se tenaient devant nous, l'arc et les traits en arrêt, portaient leurs piques en bandoulière sur l'épaule droite. Une lanière de cuir rouge formait la bandoulière ; un carquois de cuir, rempli de flèches, pendait sur leur épaule gauche. Quelques-uns de ces carquois nous parurent extrêmement jolis ; ils étaient de cuir rouge, et ils offraient une broderie élégante et d'autres ornements.

Leur vêtement est composé d'un chapeau, d'une jaquette, d'une paire de culottes, d'une paire de bottes et d'une paire de gants ; chacune de ces choses est de cuir, de peau de daim ou de chien, de veau de mer, extrêmement bien apprêtée : quelques-unes conservent leurs poils. La tête entre dans le chapeau. Indépendamment de ces chapeaux, dont la plupart des naturels du pays font usage, nous achetâmes des capuchons de peau de chien, et assez grands pour couvrir la tête et les épaules. Leur chevelure nous parut noire, mais elle était rasée ou coupée très près, et aucun d'eux ne portait sa barbe. Dans le petit nombre d'articles qu'ils obtinrent de nous, les couteaux et le tabac furent ce qu'ils estimèrent le plus.

Leurs habitations d'été diffèrent peu de leurs habitations d'hiver ; les dernières ressemblent exactement à une voûte, dont le plancher est un peu au dessous de la surface de la terre. L'une d'elles, que j'examinai, avait une forme ovale, environ vingt pieds de largeur et à peu près douze d'élévation ; la charpente était de bois et de côtes de baleine disposées d'une manière judicieuse, et liées ensemble par des corps plus petits. Il y a sur cette charpente une première couverture d'une herbe forte et grossière, qui en porte une seconde de terre, en sorte qu'au dehors la maison ressemble à

un petit mondrain, soutenu par une muraille de pierre
de trois ou quatre pieds de hauteur, construite autour
des deux côtés et à une extrémité. A l'autre extrémité,
la terre est élevée en pente, de manière à pouvoir
monter à l'entrée, qui n'est autre chose qu'un trou
placé au sommet du toit. Le lieu où l'on marche était
planchéié, et il y avait au dessous une espèce de cellier,
dans lequel je n'aperçus que de l'eau. Je remarquai, au
bout de chacune des cabanes, une chambre voûtée, que
je pris pour un magasin; les magasins communiquent
à l'habitation par un passage obscur, et avec l'atmosphère par une ouverture qui se trouve dans le toit et qui
est au niveau du terrain sur lequel on marche en plein
air; mais on ne peut pas dire qu'ils sont absolument
souterrains, car une des extrémités touchait au bord de
la colline, le long de laquelle ils sont rangés, et elle
était construite en pierre. Le dessus était surmonté
d'une espèce de sentinelle ou de tour, composée d'ossements d'un gros poisson.

Les cabanes d'été sont circulaires et assez étendues ;
elles forment une pointe au sommet : des perches légères et des os couverts de peaux d'animaux marins
en composent la charpente. L'une d'elles, dont j'examinai aussi l'intérieur, offrait un âtre ou foyer à côté
de la porte : j'y vis un petit nombre de vases de bois,
dont chacun était fort sale. Les endroits où se couchent
les naturels se trouvaient sur les flancs, et occupaient
à peu près la moitié de la circonférence. Le lit et la

couche étaient de peaux de daims, la plupart sèches et propres.

J'observai autour des habitations divers échafauds de dix à douze pieds de hauteur, pareils à ceux que nous avions rencontrés sur quelques parties de la côte d'Amérique. Ils étaient d'os dans toutes leurs parties et ils paraissaient destinés à sécher du poisson ou des peaux : on les met ainsi hors de la portée des chiens, très nombreux dans le pays. Ces chiens sont de l'espèce du renard, mais plus gros et de différentes couleurs ; ils ont de longs poils soyeux qui ressemblent à la laine. Il est vraisemblable qu'ils les attèlent à leurs traîneaux pendant l'hiver, car ils ont des traîneaux, et j'en vis un nombre assez considérable dans une de leurs habitations d'hiver. Peut-être aussi les chiens entrent-ils dans leur régime diététique, car j'en aperçus plusieurs qui avaient été tués le matin.

Les environs de cette bourgade nous offrirent une multitude d'ossements de gros poissons et d'autres animaux marins : d'où il y a lieu de croire que la mer fournit la plus grande partie de leur subsistance. Le pays me parut extrêmement stérile, car je n'y vis ni arbres ni arbrisseaux ; nous observâmes, à quelque distance à l'ouest, une chaîne de montagnes, couvertes de neiges tombées depuis peu.

Nous supposâmes d'abord que cette terre fait partie de l'île Alaschka ; mais, d'après la position du rivage opposé d'Amérique et d'après les latitudes, nous ne tardàmes pas à penser que c'était le pays des Tschutsky, ou l'extrémité orientale de l'Asie, découverte par Behring en 1728.

Lorsque nous eûmes passé deux ou trois heures avec cette peuplade, nous retournâmes au vaisseau. Le vent s'était mis à souffler ; nous sortîmes de la baie et mîmes le cap à l'est, afin de nous rapprocher de celle d'Amérique.

Le 18 août, nous commençâmes par apercevoir les glaces, et notre position allait devenir critique ; nous étions dans des eaux très basses, devant une côte située sous le vent, et un grand cap de glace qui se montrait au vent donnait sur nous. Il était clair que si nous restions plus longtemps entre ces glaces et la terre, nous serions entraînés sur la côte, à moins que les glaces flottantes ne nous fermassent le passage en s'arrêtant au-devant de nous.

Nous aperçûmes alors, près de la côte, une grande quantité de chevaux marins, et, comme nous avions besoin de provisions fraîches, les canots des deux vaisseaux allèrent en tuer quelques-uns.

A 7 heures du soir, nous avions reçu, à bord de la *Résolution*, neuf de ces animaux ; nous les avions pris jusqu'alors pour des vaches marines, et nous fûmes affligés de reconnaître notre méprise. Plusieurs des matelots, surtout, qui se réjouissaient depuis quelques jours de l'agréable mets que nous procurerait cette chasse, montrèrent de vifs regrets ; ils ne se seraient point aperçus de leur erreur si nous n'avions pas eu un ou deux hommes, dans le vaisseau, qui, ayant été au Groënland, déclarèrent que c'étaient des chevaux de mer et que personne n'en mangeait. Nous en mangeâmes cependant, tant que dura notre provision, et bien peu de gens donnèrent la préférence à nos viandes salées.

Ils se tiennent sur la glace, en troupeaux de plusieurs centaines ; ils se roulent pêle-mêle, les uns sur les autres, comme les cochons. Leur voix est très éclatante, en sorte que pendant la nuit, ou dans les temps brumeux, ils nous avertirent du voisinage de la glace, avant que nous pussions la découvrir. Nous n'avons jamais trouvé tout le troupeau endormi : nous en remarquâmes toujours quelques-uns qui faisaient sentinelles ; ceux-ci éveillaient leurs camarades à l'approche de nos canots, et l'alarme se communiquait peu à peu, la troupe entière se montrait éveillée ; mais ils ne se hâtaient ordinairement de prendre la fuite qu'après que nous leur avions tiré des coups de fusil : alors ils se jetaient à la mer avec le plus grand désordre. Quand nous n'avions pas tué à la première décharge, ceux que nous tirions, nous les prenions communément. Quoiqu'ils fussent blessés d'une manière mortelle, ils ne nous parurent pas aussi dangereux que certains auteurs l'ont dit ; ils ne nous semblèrent pas même redoutables lorsque nous les attaquions : leur mine est plus redoutable que leur naturel. Des troupes nombreuses nous suivaient et venaient près de nos canots ; mais ils se précipitaient dans les flots dès qu'ils apercevaient la lueur de l'amorce, ou même dès qu'ils voyaient qu'on les couchait en joue. Les femelles défendent leurs petits jusqu'à la dernière extrémité, et aux dépens de leur vie, dans l'eau et sur la glace. Les jeunes ne quittaient pas leurs mères, lors même qu'elles étaient mortes ; en sorte que si nous avions tué les unes, nous étions sûrs des autres.

... Lorsque nous eûmes embarqué nos chevaux marins, nous nous vîmes en quelque sorte environnés par la glace, et, pour nous en dégager, il ne nous restait d'autre route que celle du sud. Nous la prîmes, en effet, jusqu'à trois heures du matin du jour suivant. A deux heures après midi, nous retrouvâmes la grande plaine de glace, dont nous longeâmes les bords : les cris des chevaux marins nous dirigèrent en partie, car nous avions une brume très épaisse. Vers minuit nous entrâmes au milieu des glaces flottantes et nous entendîmes les lames qui battaient les bords de la glace immobile.

Le 29 au matin, la grande plaine de glace se montrait au nord. Une étendue plus considérable de terrain se montra alors à nos regards, à l'ouest. Nous y distinguâmes deux collines qui ressemblaient à des îles, mais ensuite toute la côte parut réunie.

... La saison était si avancée, et l'époque où commencent les gelées s'approchait tellement, que je ne jugeai pas prudent de faire de nouvelles tentatives pour découvrir, cette année, un passage dans la mer Atlantique.

CHAPITRE XIV.

Voyant que les glaces m'empêchaient de trouver un passage dans la mer Atlantique, je songeai à trouver un endroit où nous pussions faire du bois et de l'eau. La chose dont je m'occupais le plus était l'emploi de mon hiver, de manière à le rendre utile à la géographie et à la navigation, et à me mettre en état de retourner au nord l'été suivant, pour y faire de nouveau la recherche d'un passage. Après avoir, dans le mois d'août, passé de nouveau devant la baie Saint-Sauveur et le pays des Tschutsky, nous reprîmes notre route, le long de la côte d'Amérique, et, après une traversée d'un mois, l'île d'Oonolaska parut dans le sud-est, mais le point où elle se montrait était nouveau pour nous, la terre se trouvant obscurcie par une brume épaisse. Nous ne fûmes sûrs de notre position qu'à midi, car la latitude observée alors ne nous laissa plus de doute. Comme tous les havres m'étaient indifférents, pourvu qu'ils fussent bien sûrs et commodes, je gagnai une baie qui gît dix milles à l'ouest de *Samganoodha* et qu'on appelle dans le pays *Egoochsae;* mais nous y trouvâmes la mer très profonde et nous nous hatâmes d'en sortir. Les habitants, qui sont en assez grand nombre, vinrent nous voir plusieurs fois; ils nous apportèrent du saumon sec et d'autres poissons, que les matelots payèrent avec du tabac. Peu de jours auparavant, on avait distribué à l'équipage ce qui me restait de cet article, et nous n'en avions pas la moitié de ce qu'il aurait fallu pour répondre aux exigences des insulaires. Au reste, les matelots anglais sont si peu prévoyants, qu'ils furent aussi prodigues de leur tabac que s'ils étaient arrivés dans un port de la Virginie ; en moins de quarante-huit heures, la valeur de cet article tomba de plus de mille pour cent.

Nous mouillâmes dans le havre de *Samganoodha,* à une heure après midi, et, le lendemain, les charpentiers des deux vaisseaux commencèrent à enlever le doublage de la *Résolution* dans la partie des préceintes. On vida la soute aux poissons, la soute aux liqueurs et la partie de la cale qui est en arrière du grand mât ; on disposa les choses de manière que si nous faisions encore des voies d'eau, l'eau pût s'écouler au moyen des pompes. On remplit d'ailleurs mes futailles, on nettoya la partie de la cale qui est en avant de la grande écoutille et on mit du lest au fond.

Les gens du pays nous apportèrent beaucoup de

poissons, et surtout du saumon sec ou frais. Quelques pièces de saumon frais étaient parfaites ; mais une des espèces de ce poisson, que nous appelâmes le nez-crochu à cause de la forme de sa tête, ne nous parut pas trop bonne. Nous tirâmes la seine à diverses reprises au fond de la baie, et nous prîmes une quantité assez considérable de truites saumonées, et une plie qui pesait 250 livres. Lorsque nous n'eûmes plus de succès à la seine, nous employâmes l'hameçon et la ligne. Je détachais tous les matins un canot : il rapportait ordinairement huit ou dix plies, qui suffisaient pour la nourriture de l'équipage. Les plies étaient excellentes, et peu de personnes leur préférèrent la truite saumonée. La pêche ne fournit pas seulement à notre consommation journalière, elle nous fournit aussi quelques provisions de réserve, et il en résulta ainsi une épargne sur nos vivres, c'est-à-dire un bien très important.

Un des naturels d'Oonolashka, nommé Derramoushk, me fit un présent très singulier, vu le lieu où je me trouvais. C'était un pain de seigle, ou plutôt un pâté qui avait la forme d'un pain, car il contenait du saumon très assaisonné de poivre. Cet homme apportait un présent semblable pour le capitaine Clerke, avec une lettre, et une seconde lettre pour moi. Les deux lettres étaient écrites dans une langue que personne des équipages n'entendait. Nous supposâmes avec raison que ces présents venaient de quelques Russes, qui étaient alors dans notre voisinage ; nous leur envoyâmes, par le même commissionnaire, un petit nombre de bouteilles de rhum, de vin , et de l'espèce de bière qu'on appelle *porter*. Nous pensâmes que nous n'avions rien de plus agréable à leur offrir, et nous sûmes bientôt que nous ne nous étions pas trompés. Ladiard, caporal des soldats de marine , homme fort intelligent , accompagna Derramoushk ; je lui recommandai de se procurer des informations ultérieures, et, s'il rencontrait des Russes, de tâcher de leur faire comprendre que nous étions Anglais , c'est-à-dire des amis et des alliés de leur nation.

Ladiard revint, le 10, avec trois Russes, commerçants de fourrures ; ils résidaient , ainsi que quelques autres de leurs compatriotes, à *Egoochsae,* où ils avaient une maison , des magasins et un sloop d'environ trente tonneaux. L'un des trois était le patron, ou bien le lieutenant du bâtiment : un autre écrivait très bien et savait se servir des chiffres arabes. Je leur trouvai à tous de l'intelligence et un bon maintien, et ils m'auraient donné avec plaisir les informations que je pouvais désirer ; mais, n'ayant point d'interprète, il nous fut très difficile de nous entendre. Ils semblaient être très instruits des tentatives faites par leurs compatriotes pour découvrir un passage dans la mer Glaciale, et les terres découvertes par Behring, Tchenkoff et Spangenberg ne leur étaient pas étrangères ; mais ils ne paraissaient connaître que le nom du lieutenant Syndo ou Synd, et, quand nous leur eûmes présenté la carte de Stahelin , nous jugeàmes qu'ils n'avaient point la moindre idée des terres qu'on y trouve. Lorsque je montrai sur cette carte le Kamtschatka et quelques autres pays très connus, ils me demandèrent si j'avais vu les îles indiquées sur ce papier. Je répondis que non, et l'un d'eux, mettant son doigt sur une partie de la carte où plusieurs de ces îles sont placées, me dit qu'il les avait cherchées et qu'il n'en avait rencontré aucune. Je lui communiquai ensuite la carte que j'avais dressée, et je m'aperçus que toutes les parties de la côte d'Amérique, excepté celle qui gît en face de leur île, leur étaient absolument inconnues. L'un d'eux m'apprit qu'il avait suivi Behring dans son voyage à la côte d'Amérique; mais il était bien jeune alors, car il s'est écoulé trente-sept ans depuis, et il ne paraissait pas âgé. Ils avaient tous trois un respect extrême pour le nom de Behring, et jamais homme de mérite n'a reçu après sa mort de plus grandes marques de vénération. Le trafic qui les occupait est fort lucratif. Si le commerce de fourrures a été entrepris, et s'il s'est étendu à l'est du Kamtschatka, les Russes le doivent au second voyage de cet habile navigateur, dont les malheurs sont devenus une source de richesses pour les individus, et pour la nation en général. Si les nombreux accidents qu'il éprouva ne l'avaient pas jeté au hasard sur l'île où il est mort, et d'où les misérables restes de son équipage ramenèrent des échantillons des précieuses fourrures qu'il avait trouvées, il est vraisemblable que les Russes auraient abandonné ces voyages qui pouvaient produire des découvertes dans les parages de la côte d'Amérique. En effet, depuis sa mort, cet objet paraît avoir fixé beaucoup moins l'attention du gouvernement, et les découvertes qu'on a faites après lui sont dues, en grande partie, à l'esprit entreprenant des négociants particuliers, encouragés cependant par le cabinet de Pétersbourg. Les trois Russes, ayant passé la nuit sur mon bord, allèrent voir le capitaine Clerke le lendemain, et ils nous quittèrent très contents de notre accueil; ils me promirent de revenir dans peu de jours, et de m'apporter une carte des îles situées entre Oonolashka et le Kamtschatka.

Le 14 au soir, tandis que nous étions, M. Webber et moi, dans un village peu éloigné de *Samganoodha*, nous vîmes débarquer un Russe, lequel, selon ce que j'appris ensuite, était le principal personnage de cette île et des îles voisines; il s'appelait Evafim-Gregonoff Ivan. Ismyloff. Il arriva sur un canot qui portait trois personnes, et il était suivi de vingt à trente pirogues montées par un seul homme. Je remarquai que la première chose dont ils s'occupèrent après leur débarquement fut de construire, avec les matériaux qu'ils avaient amenés, une petite tente pour Ismyloff; ils en élevèrent ensuite d'autres pour eux avec leurs embarcations et leurs pagaies, qu'ils recouvrirent d'herbes; aussi ils n'incommodèrent point les habitants des villages. Ismyloff, nous ayant invités dans sa tente, nous servit du saumon sec et des baies : je jugeai qu'il n'avait rien de meilleur à nous offrir. Il paraissait avoir du bon sens et de l'intelligence, et ce fut pour moi un extrême déplaisir de ne pouvoir me faire entendre qu'à l'aide des signes et des figures, ce qui cependant me fut d'un grand secours. Je le priai de venir à mon bord le lendemain ; il y vint en effet, accompagné de tout son monde. Il s'était établi dans notre voisinage, afin de nous voir souvent.

Je comptais recevoir de lui la carte que ses trois compatriotes m'avaient promise : mes espérances furent trompées ; il m'assura néanmoins qu'il me la procurerait, et il tint sa parole. Je vis qu'il connaissait très bien la géographie de cette partie du monde et toutes les découvertes qui y ont faites les Russes. Du moment où il jeta les yeux sur nos cartes modernes, il m'en indiqua les erreurs ; il me dit qu'il avait été de l'expédition du lieutenant Synd.....

Il vint le lendemain et eut l'air de vouloir m'offrir une peau de loutre, laquelle valait, disait-il, 80 roubles au Kamtschatka. Je crus devoir la refuser, mais j'acceptai du poisson sec et plusieurs paniers de l'espèce de lis. Il nous quitta le soir, après avoir dîné, ainsi que sa suite, avec le capitaine Clerke, et il promit de revenir dans peu de jours. En effet, il nous fit une autre visite le 19, et il apporta les cartes dont j'ai parlé plus haut, qu'il me permit de copier. M. Ismyloff demeura avec nous jusqu'au 21 dans la soirée, et nous fit ses adieux.

Je lui confiai une lettre pour les lords de l'Amirauté, dans laquelle je renfermai une carte de toutes les parties de l'Amérique que j'avais reconnues et des autres découvertes que j'avais faites. Il me dit qu'au printemps il aurait une occasion de l'envoyer au Kamtschatka ou à Okhotsk, et qu'elle arriverait à Pétersbourg l'hiver d'après. Il me donna une lettre pour le major Behm, gouverneur du Kamtschatka; il paraissait avoir des talents dignes d'une place supérieure à celle dans laquelle nous le trouvâmes. Il savait assez bien l'astronomie et les parties les plus utiles des mathématiques.

Le 22 au matin, nous essayâmes de remettre en mer, mais notre tentative ne réussit pas. L'après-midi, nous reçûmes la visite de Jacob Ivanowitch Sopofnicof, Russe qui commandait une chaloupe ou un petit bâtiment à Oomanak. Il était fort modeste, et il ne voulut pas goûter de nos liqueurs fortes, boisson que la plupart de ses compatriotes que nous avions rencontrés ici aimaient passionnément. Il semblait connaître d'une manière plus exacte que M. Ismyloff l'espèce de vins et de munitions que nous pourrions embarquer, ainsi que le prix des différents outils; mais je jugeai, sur le témoignage de l'un ou de l'autre, que les choses dont nous aurions besoin seraient très rares et fort chères. La fleur de farine, par exemple, devait coûter de 3 à 5 roubles (le poud 36 livres), et les daims de 3 à 5 roubles la pièce. Sopofnicof ajouta qu'il arriverait à Petropaulowska le printemps suivant, et, selon ce que je compris, c'était lui qui devait se charger de ma lettre. Il parut désirer beaucoup porter au major Behm quelque chose de ma part, et, voulant le satisfaire, je le chargeai d'une petite lunette pour cet officier.

Lorsque nous eûmes fait connaissance avec les Russes, plusieurs de nos messieurs allèrent visiter leur établissement dans l'île, et ils y furent toujours bien reçus. Ils trouvèrent l'établissement composé d'une maison et de deux magasins, et, outre les Russes, un certain nombre de Kamtschatdals et des naturels du pays qui leur servaient de domestiques ou d'esclaves. Quelques autres insulaires, qui paraissaient indépendants, habitaient le même lieu ; ceux qui appartenaient aux Russes étaient tous mâles : on les élève quand ils sont jeunes, peut-être même qu'on les achète. Ils étaient alors au nombre de vingt, qu'on ne pouvait encore regarder que comme des enfants. Tout ce monde occupe la même habitation : les Russes sont à l'extrémité supérieure, les Kamtschatdals au milieu, et les naturels du pays à l'extrémité inférieure, où il y a une chaudière dans laquelle on cuit les aliments. Ils se nourrissent surtout de productions de la mer, de racines sauvages et de baies.

On sert, à la table des maîtres, les mêmes plats qu'à celle des serviteurs et des esclaves, mais les mets des premiers sont mieux apprêtés, et les Russes savent donner un goût agréable aux choses les plus communes. J'ai mangé de la chair de baleine qu'ils avaient apprêtée, et je l'ai trouvée très bonne ; ils font une espèce de pudding avec du kaviar de saumon broyé et frit qui leur tient lieu de pain, et qui n'est point mauvais. De temps à autre ils mangent du véritable pain, ou d'un mets dans lequel il entre de la fleur de farine ; mais c'est une friandise extraordinaire. Si j'en excepte le jus des baies qu'ils sucent à leurs repas, ils ne boivent que de l'eau, et il me paraît que c'est un bonheur pour eux de ne pas consommer de liqueurs.

L'île leur fournit non-seulement des vivres, elle leur fournit encore une grande partie de leurs vêtements ; ils portent surtout des peaux, ils ne pourraient guère se procurer de meilleurs habits. Leur habit de dessus a la forme de la jaquette de nos charretiers, et il descend jusqu'au genou. Ils mettent par dessous une veste ou deux, et ils ont des culottes, un bonnet fourré, une paire de bottes, dont la semelle et le pied sont de cuir de Russie, et les jambes d'un boyau très fort. Les deux chefs, Ismyloff et Ivanowitch, portaient un habit de calicot, et ils avaient, ainsi que les autres, des chemises de soie. C'étaient peut-être les seules parties de leur vêtement qui n'eussent pas été fabriquées dans le pays.

J'ajouterai à ce que je viens de dire ici une description des naturels du pays. Ils m'ont paru les gens les plus paisibles et les moins malfaisants que j'aie jamais rencontrés. Leur honnêteté pourrait servir de modèle aux nations les plus civilisées de la terre ; mais, d'après ce que j'ai remarqué parmi leurs voisins, avec lesquels les Russes n'ont point de liaison, je doute que ce soit une suite de leurs dispositions naturelles, et je pense qu'il faut plutôt l'attribuer à leur esclavage.

Cette peuplade est de petite taille, mais elle a de l'embonpoint et de belles proportions ; le col un peu court, le visage joufflu et basané, les yeux noirs ; de longs cheveux lisses et noirs que les hommes laissent flotter par derrière et qu'ils coupent sur le devant, mais que les femmes relèvent en touffes. Les hommes ont la barbe peu fournie.

CHAPITRE XV.

Nous appareillâmes du havre de *Samganoodha*
le 26 octobre, et, comme le vent soufflait du sud, nous
gouvernâmes à l'ouest.

Je me proposais de gagner les îles Sandwich, d'y
passer quelques mois de l'hiver, si nous y trouvions les
rafraîchissements nécessaires, de me rendre ensuite au
Kamtschatka, et de tâcher d'y arriver vers le milieu
de mai. Je donnai des ordres au capitaine Clerke ; en
cas de séparation, je fixai le premier rendez-vous aux
îles *Sandwich*, et le second à *Petropaulowska*, havre
du Kamtschatka.

..... Le 26, nous aperçûmes le groupe des îles Sandwich. L'intérieur de cette terre offrait à nos regards
une colline élevée en forme de selle, et tout le sommet
se montrait au-dessus des nuages. Le terrain s'abais-
sait doucement depuis cette colline, et il était terminé
par une côte de roche escarpée contre laquelle la mer
produisait un ressac terrible. Voyant que nous ne pou-

vions doubler l'île, j'arrivai vent arrière, et je rangeai la côte à l'ouest. Nous ne tardâmes pas à apercevoir du monde dans différentes parties du rivage, et à distinguer des maisons et des plantations. Le pays paraissait bien boisé et bien arrosé, et nous remarquâmes plusieurs ruisseaux qui tombaient dans la mer.

Il était de la dernière importance de prendre sur ces îles un supplément de vivres, et l'expérience m'avait appris que je n'en viendrais pas à bout si je permettais à mes équipages de commercer librement avec les naturels du pays. J'interdis donc le commerce à tout le monde, excepté à ceux qui seraient nommés par le capitaine Clerke et par moi, et même j'enjoignis à ceux-ci de n'acheter que des provisions de garde ou des rafraîchissements ; je fixai aussi les conditions auxquelles serait fait ce commerce.

A midi, j'aperçus quelques pirogues qui marchaient vers nous, et je mis en panne dès qu'elles furent à la hanche de mon vaisseau. La plupart des insulaires qu'elles portaient montèrent à bord, sans hésiter le moins du monde. Nous les trouvâmes tous de la même race que les habitants des îles situées plus sous le vent, avec lesquels nous avions déjà eu des entrevues, et, si nous les comprîmes bien, ils étaient instruits de notre prochaine relâche.

Ils nous vendirent une quantité assez considérable de sèches, que nous payâmes avec des clous et des morceaux de fer. Ils nous apportèrent aussi quelques

fruits et des racines, et ils nous dirent que nous en trouverions beaucoup dans leurs îles, ainsi que des cochons
et des volailles. Le soir, l'horizon étant clair à l'ouest,
nous jugeâmes que la côte la plus occidentale en vue
formait une île séparée de celle en travers de laquelle
nous étions. Bien persuadés que les insulaires nous ap-
porteraient, le lendemain, des productions de leur pays,
nous passâmes la nuit à louvoyer, et le matin nous
nous tînmes près de la côte. Nous ne reçûmes d'abord la
visite que d'un petit nombre de naturels, mais, vers
midi, ils arrivèrent en foule ; leur cargaison était composée de fruits à pain, de patates de *tarro*, de racines
d'*eddy*, de quelques bananes et de cochons de lait : ils
l'échangèrent contre des clous et des outils de fer. Il
est vrai que nous n'avions rien autre chose à leur donner. Les échanges continuèrent jusqu'à 4 heures du
soir ; voyant, à cette heure, qu'ils n'avaient plus rien
à vendre, et qu'ils n'étaient pas disposés à nous fournir
d'autres vivres, nous fîmes de la voile et nous nous
éloignâmes.

Tandis que nous demeurâmes en panne, j'observai que
les vaisseaux dérivaient à l'est, quoique le vent fût frais :
il doit donc y avoir un courant qui portait de ce côté.
Ceci m'encouragea à serrer le vent. Le 30, après midi,
plusieurs pirogues arrivaient aux vaisseaux ; la plupart
de ces embarcations appartenaient à un chef nommé
Terreboo, qui en montait une. Il me fit présent de deux
ou trois petits cochons, et nous achetâmes quelques

fruits des autres insulaires. Lorsqu'ils eurent passé deux heures environ à la hanche des vaisseaux, ils partirent tous, si j'en excepte sept ou huit qui restèrent sur mon bord. Une double pirogue à voile ne tarda pas à arriver; nous la remorquâmes toute la nuit. Le soir nous découvrîmes au vent une autre île, que les naturels appellent *Owhyhee*. Nous apprîmes, de plus, qu'ils donnaient le nom de *Mowee* à la terre en travers de laquelle nous avions été pendant quelques jours.

Le 2 décembre au matin, nous fûmes surpris de voir les sommets des montagnes d'*Owhyhee* couverts de neige. Ces montagnes ne paraissaient pas d'une hauteur extraordinaire, et cependant la neige semblait être ancienne et d'une profondeur considérable en divers endroits. Lorsque nous fûmes près de la côte, quelques-uns des naturels du pays arrivèrent. Ils montrèrent de la timidité et beaucoup de circonspection, mais nous ne tardâmes pas à en attirer plusieurs à bord, et nous les déterminâmes enfin à retourner dans l'île et à nous apporter les choses dont nous avions besoin. Peu de temps après que ceux-ci eurent gagné la côte, nous eûmes une compagnie assez nombreuse ; les insulaires ne vinrent pas nous voir les mains vides, et nous achetâmes une bonne provision de cochons de lait, de fruits et de racines. Nous continuâmes nos échanges avec eux jusqu'à 6 heures du soir, et, à cette heure, nous fîmes de la voile et nous nous éloignâmes, dans l'intention de faire le tour de l'île.

Le courant qui portait à l'est, dont j'ai parlé, ne se faisant plus sentir, nous gagnâmes peu de chose à louvoyer. Le 6, au soir, nous avions longé la côte l'espace d'environ cinq lieues ; nous étions près du rivage, et nous fîmes quelques échanges avec les naturels du pays. Mais, ces échanges nous ayant procuré peu de vivres, je m'approchai davantage de la grève le lendemain au matin, et nous reçûmes la visite d'un grand nombre d'insulaires ; nous mîmes en panne, et nous commerçâmes jusqu'à deux heures de l'après-midi. Nous avions, à ce moment, acheté assez de cochons, de fruits et de racines, pour cinq jours ; nous fîmes de la voile ensuite, et nous continuâmes à louvoyer.

Je m'étais procuré une quantité assez considérable de cannes à sucre, et ayant reconnu, d'après un essai fait quelques jours auparavant, qu'une forte décoction de ces cannes donnait une bière très potable, j'ordonnai d'en brasser de nouvelles barriques ; mais, lorsqu'on en servit à mon équipage, aucun des matelots n'en voulut goûter. Comme je n'avais d'autre but, en introduisant cette boisson, que de garder nos liqueurs fortes pour les climats plus froids, et que je ne craignais pas le scorbut tant que nous aurions d'autres végétaux en abondance, je ne me donnai pas la peine de déployer mon autorité, ou de recourir à la persuasion, pour les déterminer à en boire. Mais, afin de remplir mon projet, je défendis de servir du grog à bord de la *Résolution* et à bord de la *Découverte*. Je continuai à faire usage, avec mes officiers, de cette bière de canne à sucre ; nous y mêlâmes un peu de houblon qui nous restait, et elle fut meilleure. Elle avait le goût de la bière que produit la drêche nouvelle, et personne, je crois, ne doutera de sa salubrité : mon imprudent équipage prétendit néanmoins qu'elle était nuisible à la santé.

Les matelots justifièrent, par d'aussi mauvaises raisons, la résolution qu'ils formèrent, immédiatement après mon arrivée dans l'*Entrée du Roi-George*, de ne pas boire la bière que nous y fîmes ; mais, se souvenant que ce n'était pas la première fois qu'on introduisait cette boisson à la mer, ou déterminés, par un motif quelconque, à ne pas mettre de l'opiniâtreté dans cette affaire, ils n'essayèrent point d'exécuter leurs projets. Je ne l'appris même qu'ici, lorsque leur ignorance s'opposa aux soins que je prenais de leur santé. Quelque avantageuses que soient aux matelots les innovations sur nos vaisseaux, elles ne manquent jamais d'être désapprouvées par les équipages : je les avais vus déclarer que la soupe tirée des tablettes de bouillon portatives et la *saurkraut* étaient des aliments qu'il ne convenait pas d'offrir à des hommes. Peu de commandants ont introduit sur leur bord plus de nourritures et de boissons nouvelles que moi. Il est vrai qu'il y en a peu qui aient eu les mêmes occasions que moi de faire de pareils essais, ou qui se soient vus contraints par la nécessité de recourir à de pareils expédients ; c'est, néanmoins, en m'écartant de l'usage établi , que je suis venu à bout de préserver mes équipages du scorbut, de cette maladie terrible qui a peut-être détruit plus de matelots dans des voyages paisibles, que le fer de l'ennemi n'en a moissonné dans des expéditions militaires.

A 3 heures, le calme fut remplacé par une brise du sud-est qui soufllait par rafales accompagnées de pluies. Il y avait sur la côte un ressac terrible qui n'était pas éloigné de plus d'une demi-lieue, et il fut clair que nous avions couru le danger le plus éminent. Comme le vent tournait plus à l'est, nous n'étions pas encore en sûreté, en sorte qu'il nous fallut travailler assez longtemps pour nous tenir à une distance convenable du rivage. Ce qui rendit notre position plus alarmante , la ralingue de chute du grand hunier sauta, et la voile fut déchirée du haut en bas ; les voiles des deux perroquets furent emportées de même, quoiqu'elles ne se trouvassent pas la moitié aussi usées. Nous saisîmes un moment favorable, et nous ne tardâmes pas à en enverguer de nouvelles ; nous laissâmes ensuite la terre de l'arrière. La *Découverte*, étant assez loin au nord, ne fut jamais près de la côte, et nous ne la vîmes qu'à 8 heures.

Je ne puis m'empêcher d'observer, à cette occasion, que j'ai toujours trouvé les ralingues de nos voiles trop faibles de matière ou de confection. Ce défaut a été pour moi, à différentes époques, la source de beaucoup de peines et d'inquiétudes, et il m'a même coûté une quantité considérable de toile à voile. Je dois ajouter, de plus, que les cordages, les toiles et toutes les autres munitions qu'on emploie dans la marine royale m'ont paru d'une qualité inférieure à celles dont se sert la marine marchande.

C'est, ce me semble, une opinion reçue parmi les différents officiers de la marine, que les munitions des magasins du roi sont meilleures que celles de tous les autres, et qu'il n'y a pas de vaisseaux aussi bien équipés que ceux de la marine royale. On a sans doute raison relativement à la quantité, mais j'ai bien peur qu'il n'en soit pas de même quant à la qualité. Il est vrai qu'on n'a guère occasion de vérifier ce point ; car, en général, on les condamne, ou on les convertit à d'autres usages lorsqu'elles ne se trouvent usées qu'à moitié. Ce n'est que dans des voyages pareils aux nôtres qu'on peut en faire l'essai, puisque notre position nous obligeait de nous en servir jusqu'à la dernière extrémité.

Dès que le jour parut, les naturels arborèrent un pavillon blanc sur la côte : nous jugeâmes que c'était un signal de paix et d'amitié. Quelques-uns d'entre eux se mirent en mer et nous suivirent ; mais le vent fraîchit, et, comme je ne pouvais les attendre sans danger, nous les laissâmes bientôt de l'arrière.

Après avoir fait vainement, dans le cours de l'après-dîner, une nouvelle tentative pour doubler l'extrémité orientale de l'île, j'abandonnai mon projet, et je tâchai de rejoindre la *Découverte*. Il n'était pas important de faire le tour de l'île, car nous avions reconnu son étendue au sud-est, et c'était là ce que je voulais. D'ailleurs, selon ce que nous apprîmes des insulaires, il n'y a point de terre au vent de celle-ci. Cependant, comme nous étions près de l'extrémité méridionale, et que le plus léger changement de vent en notre faveur pouvait nous faire achever le tour de la terre, je songeai encore à la doubler et je continuai à louvoyer.

Le 20, à midi, la pointe sud-est nous restait au sud à trois lieues ; les collines, revêtues de neige, se montraient au nord-ouest, et nous étions à environ quatre milles de la côte la plus voisine. L'après-dîner, quelques-uns des naturels arrivèrent en canots, et ils nous apportèrent un petit nombre de cochons de lait et de bananes. Les bananes nous firent grand plaisir, car nous n'avions plus de végétaux depuis quelques jours ; mais ce qu'ils nous en donnèrent suffisait à peine à la consommation d'une journée. Le lendemain au matin, je me rapprochai à trois ou quatre milles de la terre, où nous rencontrâmes une multitude de pirogues chargées de provisions. Nous mîmes en panne, et nous continuâmes nos échanges avec les insulaires, jusqu'à quatre heures du soir ; ayant embarqué une quantité assez considérable de vivres à cette époque, nous fîmes de la voile et nous nous étendîmes au nord.

Je n'avais jamais rencontré de peuples sauvages aussi peu défiants et aussi libres dans leur maintien que ceux-ci. Ils envoyaient communément aux vaisseaux

les différents articles qu'ils voulaient vendre ; ils montaient ensuite sur le gaillard d'arrière et faisaient leur
marché. LesO-Taïtiens, malgré nos relâches multipliées,
n'ont pas autant de confiance en nous. J'en conclus que
les habitants d'*Owhyhee* doivent être plus exacts et
plus fidèles, dans leur commerce réciproque, que les
naturels d'O-Taïti, car, s'ils n'avaient pas de la bonne
foi entre eux, ils ne seraient pas aussi disposés à croire
à la bonne foi des étrangers. Il faut observer de plus, à
leur honneur, qu'ils n'essayèrent pas une fois de nous
tromper dans leurs échanges ou de commettre un vol.
Ils entendaient fort bien le commerce, et ils semblaient
deviner parfaitement pourquoi nous longions ainsi la
côte, car, quoiqu'ils nous apportassent des provisions en
abondance, et particulièrement des petits cochons, ils
eurent soin de les tenir à une juste valeur, et ils les
reconduisaient à terre plutôt que de les donner au-
dessous du prix dont ils les jugeaient susceptibles.

Après avoir acheté les cargaisons entières des naturels du pays, lesquelles suffisaient à nos besoins, nous
fîmes de la voile et nous nous étendîmes à l'est.

Le jour suivant nous eûmes de légers souffles de vent
variable, bien voisins d'un calme, jusqu'à 5 heures
de l'après-midi. Le ciel étant beau, il nous arriva beaucoup de naturels du pays, et nous eûmes des provisions
de toute espèce en abondance ; la plupart des insulaires passèrent la nuit avec nous, et nous remorquâmes
leurs pirogues.

Le 16, au point du jour, croyant apercevoir une baie, M. Bligh partit avec un canot de chacun des vaisseaux et il alla l'examiner; nous en étions à trois lieues. Les pirogues arrivèrent alors de toutes parts, et, avant 10 heures, il n'y avait pas, autour de la *Résolution* et de la *Découverte,* moins de mille embarcations remplies de monde et chargées de cochons et d'autres productions de l'île. Les insulaires nous donnèrent les preuves les plus évidentes de leurs intentions amicales, car nous n'en remarquâmes pas un seul armé : ils n'étaient venus que dans des vues de curiosité et avec le désir de faire des échanges. Si, dans la foule de ceux qui se trouvaient sur nos bords, quelques-uns montrèrent de la disposition au vol, il ne faut pas s'en étonner. L'un d'eux enleva le gouvernail d'un de nos canots; nous nous en aperçûmes, mais trop tard pour lui ravir sa proie avant qu'il s'en allât. Je crus que cette occasion était favorable pour les instruire de l'effet de nos armes à feu, et nous tirâmes, par dessus la pirogue qui emportait le gouvernail, deux ou trois coups de fusil et autant de pierriers; comme nous n'avions pas voulu que ces coups portassent, la foule des naturels sembla plus surprise qu'effrayée.

M. Bligh revint le soir ; il me dit qu'il avait découvert une baie où l'on trouvait un bon mouillage et une aiguade assez facile. Je résolus d'y conduire les vaisseaux, de m'y radouber et d'y embarquer tous les vivres que nous pourrions nous procurer. La plupart des naturels retournèrent à terre à l'approche de la nuit, mais un certain nombre d'entre eux nous demandèrent la permission de coucher à bord. La curiosité ne fut pas le seul motif de cette prière, du moins pour quelques-uns, car nous nous aperçûmes, le lendemain matin, qu'ils avaient fait plusieurs vols, et je me déterminai à n'en plus garder un si grand nombre à bord.

A 11 heures du matin, nous mouillâmes dans la baie à laquelle les naturels du pays donnent le nom de *Karakakooa*, par treize brasses fond de sable, à environ un quart de mille de la côte nord-est : la pointe méridionale de la baie nous restait au sud-ouest, et la pointe septentrionale à l'ouest.

Nous amarrâmes au nord, avec l'ancre de terre et un câble ; on désenvergua les voiles et on abattit les vergues et les mâts de hune.

Les vaisseaux continuèrent à être remplis de naturels, et nous fûmes environnés d'une multitude de pirogues. Je n'avais jamais vu, dans le cours de mes voyages, une foule si nombreuse rassemblée au même endroit, car, indépendamment de ceux qui arrivèrent en canots, le rivage de la baie était couvert de spectateurs ; d'autres nageaient autour de nous en troupe de plusieurs centaines, et on les eût pris pour des radeaux de poissons. La singularité de cette scène nous frappa beaucoup, et il se trouva peu de personnes à bord qui regrettassent de m'avoir vu échouer dans mes tentatives pour trouver un passage au nord, car, si elles avaient réussi, nous n'aurions pas eu occasion de relâcher une seconde fois aux îles Sandwich et d'enrichir notre voyage d'une découverte qui, à bien des égards, paraît devoir être la plus importante qu'aient jusqu'ici faite les Européens dans la vaste étendue de l'océan Pacifique.

ICI FINIT LE JOURNAL DE COOK.

La suite du voyage est écrite par le capitaine King.

CHAPITRE XVI.

La baie de Karakakooa est située au côté occidental de l'île d'Owhyhee, dans un district appelé Akoua ; elle a environ un mille de profondeur et se trouve bornée par deux pointes de terre basse, éloignées l'une de l'autre d'une lieue et demie. La ville de Kowrowna occupe la pointe nord, qui est plate et stérile, et il y a, au fond de la baie, près d'un bocage de grands cocotiers, une autre bourgade, d'une étendue plus considérable, appelée Kakoa. L'intervalle qui les sépare est rempli par une haute montagne de roche, inaccessible du côté de la mer. La côte de la bande sud paraît très inégale jusqu'à un mille dans l'intérieur des terres ; par delà, le sol s'élève peu à peu, et il est semé de champs cultivés et enclos et de bocages de cocotiers, parmi lesquels les habitations des insulaires sont répandues en grand nombre.

Le rivage qui environne la baie est une roche de

corail noir, et le débarquement est très dangereux par un gros temps ; j'excepte néanmoins le village de Kakoa, où il y a une belle grève de sable, qui offre à l'une de ses extrémités un *moraï* ou un cimetière, et à l'autre un puits d'eau douce. Le capitaine Cook ayant jugé qu'on pouvait ici radouber les vaisseaux et y embarquer de l'eau et des vivres, nous amarrâmes à environ un mille du rivage.

Dès que les habitants s'aperçurent que nous voulions mouiller dans la baie, ils vinrent près de nous ; la foule était immense ; ils témoignèrent leur joie par des chants et des cris, et ils firent toutes sortes de gestes bizarres et extravagants. Ils ne tardèrent pas à couvrir les flancs, les ponts et les agrès des deux vaisseaux, et une multitude de femmes et de petits garçons qui n'avaient pu se procurer des pirogues arrivèrent à la nage : ceux-ci formaient, sur la surface de la mer, de vastes radeaux ; la plupart, ne trouvant point de place à bord, passèrent la journée entière à se jouer au milieu des vagues.

Parmi les chefs qui vinrent sur la *Résolution*, nous distinguâmes un jeune homme appelé Pareea ; nous reconnûmes bientôt qu'il jouissait d'une grande autorité. Lorsqu'il se présenta devant le capitaine Cook, il dit qu'il était *jakanee* du roi de l'île, que le prince faisait une expédition militaire à *Mowee* et qu'il devait arriver dans quatre jours ; quelques présents l'attachèrent complétement à nos intérêts, et il nous servit beaucoup pour contenir ses compatriotes. Nous nous aperçûmes bientôt que la *Découverte*, surchargée d'insulaires, penchait trop d'un côté, et que son équipage ne pouvait écarter la foule nombreuse qui continuait à y entrer. M. Cook, craignant les suites de cet empressement, fit part de ses inquiétudes à Pareea ; celui-ci se rendit sur-le-champ auprès du capitaine Clerke : il chassa un assez grand nombre de ses compatriotes et il obligea les pirogues à se tenir à une certaine distance.

Nous jugeâmes que les chefs ont sur le bas peuple un pouvoir très despotique. Nous eûmes, le même jour, à bord de la *Résolution*, une autre preuve de cette vérité ; la foule y était si considérable que les matelots ne pouvaient faire leur service, et nous fûmes obligés de recourir au chef Kaneena, qui, ainsi que Pareea, s'était attaché au capitaine Cook. Lorsque nous lui eûmes expliqué l'embarras où nous nous trouvions, il ordonna tout de suite à ses compatriotes de sortir du vaisseau, et nous fûmes très surpris de les voir se jeter à la mer sans hésiter un moment ; un seul homme ayant essayé de se cacher et ne paraissant pas disposé à obéir, Kaneena le prit de force et le précipita au milieu des vagues.

Ces deux chefs étaient d'une stature forte, bien proportionnée et d'une physionomie très agréable ; Kaneena surtout, que M. Webber a dessiné, était un des plus beaux hommes que j'aie jamais vus. Il avait environ six pieds de hauteur, des traits réguliers et pleins d'expression, des yeux vifs et noirs, le maintien aisé, ferme et gracieux.

On a déjà dit que, durant notre longue navigation à la hauteur de cette île, les habitants s'étaient toujours conduits avec beaucoup de loyauté et de droiture envers nous, et qu'ils n'avaient pas montré la plus légère disposition au vol ; nous en fûmes d'autant plus étonnés que nous ne communiquâmes guère qu'avec des gens des dernières classes, c'est-à-dire des domestiques ou des pêcheurs. Il n'en fut pas de même ici. La multitude immense de naturels du pays qui remplissait chaque partie des vaisseaux leur procura des occasions fréquentes de nous piller, sans risquer d'être découverts, et, comme ils étaient très supérieurs en nombre, ils espéraient sans doute que leurs vols resteraient impunis si nous venions à nous en apercevoir. Nous attribuâmes d'ailleurs ce changement de conduite à la présence et à l'encouragement de leurs chefs, car, en général, nous retrouvâmes dans les mains des grands personnages de l'île les choses qu'on nous avait dérobées, et nous eûmes bien des raisons de croire que les larcins avaient été commis à leur instigation.

La *Résolution* fut à peine au mouillage que nos deux amis Pareea et Kaneena amenèrent à bord un troisième chef, nommé Koah, qui, selon ce qu'on nous dit, se trouvait alors de la classe des prêtres, après avoir été dans sa jeunesse un guerrier distingué. C'était un petit vieillard fort maigre ; il avait les yeux fort rouges et très malades. On le conduisit dans la grand'chambre ; il s'approcha avec beaucoup de respect du capitaine Cook, et lui jeta sur les épaules une pièce d'étoffe rouge qu'il lui avait apportée ; il fit quelques pas en arrière, et lui présenta un petit cochon qu'il tint dans ses mains, tandis qu'il prononça un long discours.

Quand cette cérémonie fut achevée, Koah dîna avec le capitaine Cook ; il mangea avidement tout ce qu'on lui servit. Aussi réservé que les autres habitants des îles de ces mers, nous ne pûmes le déterminer à goûter une seconde fois de notre vin ou de nos liqueurs fortes. M. Cook alla le soir à terre, et nous l'accompagnâmes, M. Bayly et moi.

Nous débarquâmes sur la grève, et nous fûmes reçus par quatre hommes qui portaient des baguettes garnies de poil de chien à l'une des extrémités : ils marchèrent devant nous, en déclamant à haute voix une phrase très courte dans laquelle nous ne distinguâmes que le mot *Orono*. La foule, qui s'était rassemblée sur le rivage, s'écarta dès qu'elle nous vit approcher, et nous n'aperçûmes personne, si j'en excepte un petit nombre d'insulaires prosternés la face contre terre, aux environs des huttes du village voisin.

Avant de parler des hommages religieux qu'on rendit au capitaine Cook, et des cérémonies singulières avec lesquelles il fut reçu sur cette île funeste, il est nécessaire de décrire le *moraï*, situé au côté méridional du village de *Kakoa*. C'était une construction de pierres solides et carrées ; le sommet, aplati et bien pavé, se trouvait entouré d'une balustrade de bois, sur laquelle on voyait les crânes des captifs sacrifiés à la mort des chefs du pays. Le centre de l'édifice offrait un vieux bâtiment en bois.

Koah nous mena au sommet de cette construction, par un chemin d'une pente douce qui aboutissait à un angle de la cour de l'édifice. Nous aperçûmes à l'entrée deux grosses figures de bois, dont les traits du visage offraient des contorsions bizarres ; une longue pièce de bois sculpté, en forme de cône renversé, s'élevait du sommet de leurs têtes et le corps était enveloppé d'une étoffe rouge. Nous rencontrâmes ici un jeune homme de haute taille qui avait la barbe fort longue ; il présenta ces figures au capitaine Cook, et, après avoir chanté de concert avec Koah une espèce d'hymne, il nous conduisit à l'extrémité du *moraï*.

Douze figures étaient rangées en demi-cercle auprès de cinq poteaux, et nous remarquâmes, devant la figure du milieu, une table élevée, qui ressemblait exactement à celle des O-Taïtiens. Nous trouvâmes sur cette table un cochon pourri, et, par dessous, des morceaux de canne à sucre, des noix de coco, du fruit à pain, des bananes et des patates douces. Koah, ayant placé M. Cook sous la table, prit le cochon entre ses mains, et, après avoir adressé à notre commandant un second discours aussi long que le premier et prononcé avec beaucoup de véhémence et de rapidité, il laissa tomber le cochon par terre. Il engagea ensuite M. Cook à monter au sommet du bâtiment ; ils y montèrent en effet l'un et l'autre, non sans avoir couru de grands risques de se laisser tomber. Dix hommes qui apportaient un cochon en vie et une grande pièce d'étoffe rouge arrivèrent alors en silence et en procession à l'entrée du sommet du moraï. Ils s'arrêtèrent lorsqu'ils eurent fait quelques pas, et ils se prosternèrent. *Kaireekeea*, le jeune homme dont je parlais tout à l'heure, alla à leur rencontre, et, ayant reçu l'étoffe rouge, il l'apporta à Koah, qui en revêtit le capitaine Cook et qui lui offrit ensuite le cochon, en observant le même cérémonial.

Tandis que notre commandant était sur l'échafaud, emmaillotté dans l'étoffe rouge et ayant peine à se tenir sur des morceaux de bois pourri, Kaireekeea et Koah chantèrent quelquefois tous deux ensemble, et d'autres fois alternativement : cette partie de la cérémonie fut très longue. Koah laissa tomber le cochon, et il descendit enfin avec M. Cook.

On nous ramena à l'autre division du moraï, où il y avait un espace de dix à douze pieds en carré, creusé d'environ trois pieds au dessous du niveau du terrain de la cour. Nous y descendîmes, et on assit M. Cook entre deux idoles de bois. Koah soutint un de ses bras, et moi je soutins l'autre. Nous vîmes arriver une seconde procession de naturels du pays. Ils apportaient un cochon cuit au four, un *pudding*, du fruit à pain, des noix de coco et des légumes. Lorsqu'ils furent près de nous, Kaireekeea se mit à leur tête, et, ayant présenté le cochon à notre commandant avec les cérémonies que j'ai déjà décrites, il commença des chants pareils à ceux que nous avions déjà entendus, et ses camarades répondirent à chacun de ses versets.

Quand cette offrande, qui dura un quart d'heure, fut terminée, les insulaires s'assirent en face de nous; ils se mirent à découper le cochon, à peler les végétaux et à casser les noix de coco. Quelques-uns firent de l'*ava*; ils mâchent les racines qui entrent dans la composition de cette liqueur, et ils suivent d'ailleurs le procédé des habitants des îles des Amis. Kaireekeea prit ensuite une portion de l'amande d'une noix de coco qu'il mâcha, et, l'ayant enveloppée d'un morceau d'étoffe, il en frotta le visage, le derrière de la tête, les mains, les bras et les épaules de M. Cook. L'*ava* fut ensuite servie à la ronde, et, lorsque nous en eûmes goûté, Koah et Pareea divisèrent la chair du cochon en petits morceaux, qu'ils nous mirent dans la bouche. Je n'avais point de répugnance à souffrir que Pareea, qui était très propre, me donnât à manger; mais M. Cook, à qui Koah rendait le même service, se souvenant du cochon pourri, ne put avaler un seul morceau; le vieillard, voulant redoubler de politesse, essaya de lui donner des morceaux tout mâchés, et l'on imagine bien que le dégoût de notre commandant ne fit que s'accroître.

Après cette cérémonie, à laquelle le capitaine Cook mit fin dès qu'il put le faire décemment, nous quittâmes le moraï ; nous ne manquâmes point de distribuer parmi les naturels quelques morceaux de fer et d'autres bagatelles, dont ils furent enchantés. Les hommes qui portaient des baguettes nous reconduisirent à nos canots, en répétant les phrases et les mots qu'ils avaient débités lors de notre débarquement. Le peuple se retira, et le petit nombre de ceux qui ne s'en allèrent pas se prosternèrent la face contre terre, à mesure que nous côtoyâmes le rivage. Nous nous rendîmes sur-le-champ à bord, très satisfaits des dispositions amicales des habitants du pays.

Le lendemain, je retournai à terre avec une garde de huit soldats de marine, y compris le caporal et le lieutenant. M. Cook m'avait ordonné d'établir l'observatoire à l'endroit qui me semblait le plus propre à surveiller et protéger ceux de nos gens chargés de remplir les futailles, ainsi que les autres travailleurs qu'on emmenait dans l'île.

Tandis que j'examinais, au milieu de la bourgade, un emplacement qui me paraissait convenir à l'usage que nous voulions en faire, Pareea, toujours disposé à montrer son pouvoir et sa bonne volonté, offrit d'abattre quelques cabanes qui auraient gêné nos observations. Je ne crus pas devoir accepter son offre, et je choisis un champ de patates voisin du moraï : on nous l'accorda volontiers, et les prêtres, afin d'en écarter les insulaires, le consacrèrent en établissant des baguettes autour de la muraille qui l'enfermait.

Ils donnent à cette espèce d'interdit religieux le nom de *taboo*, mot que nous entendîmes répéter souvent durant notre séjour ici. Nous reconnûmes qu'il a des effets très puissants et très étendus.

Le 26, à midi, le roi s'embarqua sur une grande pirogue, et, étant parti du village avec deux autres de suite, il prit en grande pompe la route des vaisseaux. Son cortège avait de la grandeur et une sorte de magnificence. La première embarcation était montée par Terreboo, et les chefs revêtus de leurs casques et de leurs riches manteaux de plumes, armés de longues piques et de dagues; la seconde portait des prêtres, le respectable Koah, un de leurs chefs, avec des idoles chamarrées d'étoffes rouges. Ces idoles étaient des bustes d'osier, d'une proportion gigantesque, chargées de petites plumes de diverses couleurs, travaillées de la même manière que leurs manteaux : de gros morceaux de nacre de perle et une noix noire fixée au centre représentaient les yeux; leurs bouches étaient garnies d'une double rangée de dents incisives de chien, et l'ensemble de la physionomie offrait des contorsions bizarres. Des cochons et des végétaux divers remplissaient la troisième pirogue. Durant la marche, les prêtres occupant la pirogue du centre chantaient des hymnes avec beaucoup de gravité, et, après avoir pagayé autour des vaisseaux, ils ramèrent vers la grève, où j'étais à la tête de mon détachement, au lieu d'aller à bord comme nous le comptions.

Dès que je le vis approcher, j'ordonnai à ma petite troupe de recevoir le roi ; le capitaine Cook, ayant remarqué que ce prince venait à terre, le suivit, et il arriva presque au même instant. Nous les conduisîmes dans la tente ; ils y furent à peine assis que le prince se leva, jeta d'une manière gracieuse sur les épaules de notre commandant le manteau qu'il portait ; il mit, de plus, un casque de plumes sur sa tête et un éventail curieux dans les mains de M. Cook, aux pieds duquel il étendit ensuite cinq ou six manteaux très jolis et d'une grande valeur. Les gens de son cortége apportèrent alors quatre gros cochons, des noix de coco et du fruit à pain.

Le roi termina cette cérémonie en changeant de nom avec le capitaine Cook, chose qui est réputée, parmi tous les insulaires de l'océan Pacifique, le témoignage d'amitié le plus fort qui se puisse donner.

Je fus surpris de retrouver dans la personne du roi un vieillard infirme et maigre, qui était venu à bord de la *Résolution* quand nous étions à l'île Mowee. Nous découvrîmes bientôt, parmi les hommes de sa suite, la plupart des insulaires qui passèrent alors une nuit entière sur notre bord, entre autres deux fils cadets du monarque, dont le plus âgé avait seize ans, et Masha-Maiha, son neveu, que nous eûmes d'abord un peu de peine à reconnaître, parce qu'il avait les cheveux chargés d'une pâte et d'une poudre brunes qui achevaient de défigurer la physionomie la plus sauvage que j'aie jamais rencontrée.

Le cérémonial de l'entrevue achevé, le capitaine Cook conduisit à bord de la *Résolution* Terreboo et autant de chefs que la pinasse put en contenir. Ils y furent reçus avec tous les égards possibles, et notre commandant, en retour d'un manteau de plumes qu'on lui avait donné, revêtit le roi d'une chemise, et il l'arma de sa propre épée. Koah et environ six autres des vieux chefs demeurèrent sur la côte et ils logèrent dans les maisons des prêtres.

Le roi, avant de quitter la *Résolution*, permit aux habitants de l'île de venir aux vaisseaux et d'y faire des échanges.

CHAPITRE XVII.

Quand les vaisseaux furent à l'ancre, nous aperçûmes avec étonnement que les insulaires n'étaient
plus les mêmes à notre égard : nous n'entendions plus
de cris de joie ; il n'y avait ni bruit ni foule autour de
nous, la baie se trouvait déserte et tranquille ; nous
voyions seulement çà et là une embarcation qui s'é-
chappait le long de la côte. Nous pouvions supposer,
sans doute, que la curiosité qui avait produit tant de
mouvement lors de notre première relâche n'existait
plus ; mais l'hospitalité aimable avec laquelle on nous
avait toujours traités, les témoignages de bienveillance
et d'amitié que nous avions reçus à notre départ, nous
donnaient lieu d'espérer que les habitants du pays
seraient charmés de nous revoir et qu'ils reviendraient
en hâte aux vaisseaux.

Nous formions diverses conjectures sur cette révolution, lorsque nos inquiétudes furent enfin dissipées par le retour d'un canot que nous avions envoyé à terre : nous apprîmes que Terreboo était absent et qu'il avait mis le *taboo* sur la baie. Cette explication parut satisfaire la plupart d'entre nous, mais quelques personnes pensèrent, avec raison, que la conduite des insulaires devait nous inspirer de la défiance ; qu'en leur interdisant le commerce avec nous, sous prétexte de l'absence du roi, les chefs avaient voulu gagner du temps et délibérer entre eux sur la manière dont il convenait de nous traiter. Nous n'avons jamais pu savoir si ces soupçons étaient fondés, ou si l'explication donnée par les naturels était vraie. Il n'est pas invraisemblable que notre brusque retour, auquel ils ne voyaient pas de cause apparente, et dont nous eûmes ensuite beaucoup de peine à leur faire comprendre la nécessité, leur causa des alarmes ; mais la confiance de Terreboo, qui, au moment de son arrivée, vraie ou fausse, c'est-à-dire le lendemain matin, se rendit tout de suite auprès du capitaine Cook, et le rétablissement des échanges et des services réciproques entre les naturels et nous, qui fut la suite de cette démarche, indiquent fortement qu'ils ne jugeaient pas et qu'ils ne redoutaient pas un changement de conduite de notre part.

Je puis citer, à l'appui de cette opinion, un autre fait qui eut lieu lors de notre première visite, c'est-à-dire la veille de l'arrivée du roi. L'un des hommes du pays avait vendu un cochon à bord de la *Résolution* et il en avait reçu le prix convenu. Pareea, qui le rencontra par hasard, lui conseilla de ne pas livrer le cochon si on ne lui donnait rien de plus. Nos gens firent à Pareea des reproches très vifs sur ce conseil malhonnête, et ils le chassèrent ; comme le *taboo* fut mis sur la baie bientôt après, nous crûmes d'abord que c'était en conséquence de l'outrage fait au chef. Ces deux incidents servent à prouver combien il est difficile de tirer des inductions certaines des actions d'une peuplade dont on connaît imparfaitement les usages et l'idiome. Que nos conjectures fussent vraies ou fausses, tout se passa paisiblement jusqu'au 13 dans l'après-dîner.

L'officier qui commandait le détachement chargé de remplir les futailles de la *Découverte* vint me dire, le soir, que plusieurs chefs s'étaient rassemblés au puits, près de la grève, et qu'ils chassaient les insulaires que nous avions payés pour aider les matelots à rouler les tonneaux sur le rivage. Il ajouta qu'il croyait leur conduite très suspecte et qu'il s'attendait à être inquiété de nouveau par les gens du pays. Je lui donnai, ainsi qu'il le désirait, un soldat de marine, auquel je permis seulement de prendre sa baïonnette et son épée. L'officier ne tarda pas à revenir : il m'apprit que les insulaires s'étaient armés de pierres et qu'ils devenaient très séditieux. Je me rendis sur les lieux, suivi d'un autre soldat de marine armé de son fusil. Dès que les habitants de l'île me virent approcher, ils abandonnèrent leurs

12.

pierres, et, quand j'eus parlé à quelques-uns des chefs, la populace qui causait l'émeute s'éloigna, et ceux des naturels qui voulurent nous aider à faire de l'eau n'essuyèrent plus d'obstacles de la part de leurs compatriotes. Après avoir rétabli la tranquillité, j'allai trouver le capitaine Cook qui arrivait sur la pinasse; je lui racontai ce qui venait de se passer. Il m'ordonna de tirer à balle sur les coupables, s'ils recommençaient à jeter des pierres, ou à se conduire, d'ailleurs, avec insolence. J'enjoignis donc au caporal de faire charger à balle, au lieu de petit plomb, les fusils des sentinelles.

Peu de temps après notre retour aux tentes, un feu de mousqueterie, que nous entendîmes à bord de la *Découverte*, nous alarma; nous remarquâmes qu'on tirait sur une pirogue qui ramait en hâte vers la côte, et qui était poursuivie par un de nos petits canots. Nous en conclûmes, sur-le-champ, qu'un vol avait occasionné ces coups de fusil, et le capitaine Cook m'ordonna de le suivre avec un canot armé, afin d'arrêter, si nous le pouvions, l'équipage de la pirogue, qui essayait de gagner le rivage. Nous courûmes vers l'endroit où nous jugeâmes qu'elle débarquerait, mais nous arrivâmes trop tard : les naturels avaient quitté leur embarcation et ils s'étaient sauvés dans l'intérieur du pays.

Nous ne savions pas que les choses volées avaient déjà été rendues; d'après le grand nombre de coups de fusil que nous avions entendus, nous jugeâmes qu'elles pouvaient être importantes, et nous ne voulions pas renoncer à l'espoir de les retrouver. Nous demandâmes à quelques insulaires le chemin qu'avait pris l'équipage de la pirogue, et nous suivîmes ses traces jusqu'à l'entrée de la nuit : nous voyant alors à environ trois milles de nos tentes, et soupçonnant que les naturels, qui nous excitaient souvent à continuer notre poursuite, nous trompaient par de fausses informations, nous crûmes qu'il serait inutile de nous porter plus loin, et nous retournâmes à la grève.

Il était arrivé, durant notre absence, une querelle plus sérieuse et plus désagréable. L'officier détaché sur le petit canot, retournant à bord avec les choses qu'on avait volées au capitaine Clerke, s'aperçut que nous poursuivions les coupables, le capitaine Clerke et moi, et il pensa qu'il était de son devoir de saisir la pirogue échouée sur le rivage. Par malheur, elle appartenait à Pareea, qui arriva au même instant de la *Découverte* et qui réclama sa propriété, avec des protestations sans nombre de son innocence. L'officier refusa de la livrer, et, lorsque l'équipage de la pinasse qui attendait notre commandant l'eut joint, il en résulta une dispute très vive durant laquelle Pareea fut renversé d'un violent coup de rame qu'on lui donna sur la tête. Les insulaires qui se rassemblaient aux environs, et qui avaient été jusqu'ici simples spectateurs paisibles, firent tout de suite pleuvoir une grêle de pierres sur nos gens, qu'ils contraignirent à se retirer avec précipitation et à gagner à la nage un rocher situé à quelque distance de la côte. Les naturels s'emparèrent de la pinasse ; ils la pillèrent, et ils l'auraient détruite sans l'intervention de Pareea, qui, revenu à lui-même, eut la générosité d'oublier la violence qu'on venait d'exercer à son égard. Après avoir écarté la foule, il fit signe à nos gens qu'ils pouvaient revenir et reprendre la pinasse, et qu'il s'efforcerait de rapporter les choses que ses compatriotes y avaient volées. Nos gens se rendirent en effet à son invitation, et ils ramenèrent la pinasse. Pareea ne tarda pas à les suivre et à rapporter le chapeau d'un *midshipman* et quelques autres bagatelles ; il parut affligé de ce qui s'était passé, et il demanda d'un air inquiet si Orono le tuerait et si on lui permettrait de venir aux vaisseaux le lendemain. On l'assura qu'il y serait bien reçu ; alors, pour donner une preuve de réconciliation et d'amitié, il toucha de son nez celui des officiers, selon l'usage de l'île, et il regagna le village de Kowrowna.

Quand le capitaine Cook fut informé de ces détails, il montra beaucoup de chagrin, et, tandis que nous retournions à bord, il me dit : *Je crains bien que les insulaires ne me forcent à des mesures violentes, car,* ajouta-t-il, *il ne faut pas leur laisser croire qu'ils ont eu de l'avantage sur nous.*

Mais comme il était trop tard pour entreprendre quelque chose le même soir, il se contenta de donner des ordres pour qu'on chassât tout de suite du vaisseau les hommes et les femmes qui s'y trouvaient. Je retournai à terre lorsque les ordres furent exécutés, et, les événements de la journée ayant beaucoup diminué notre confiance dans les naturels, je mis une double garde au moraï, et j'enjoignis à mon détachement de m'appeler s'il apercevait du monde caché aux environs de la grève. Sur les onze heures, on découvrit cinq insulaires qui se traînaient sans bruit autour du moraï; ils semblaient s'approcher avec une extrême circonspection, et ils se retirèrent quand ils se virent surpris. A minuit, l'un d'eux ayant osé venir tout près de l'observatoire, la sentinelle lui tira un coup de fusil : l'explosion effraya ses camarades, qui prirent la fuite, et nous passâmes le reste de la nuit sans trouble.

Le lendemain, à la pointe du jour, j'allai sur la *Résolution* pour examiner le garde-temps : je fus hélé sur ma route par la *Découverte*, et j'appris que, durant la nuit, les insulaires avaient volé la chaloupe du vaisseau, en coupant la bouée à laquelle elle se trouvait amarrée.

Au moment où j'arrivais à bord, les soldats de marine s'armaient, et le capitaine Cook chargeait son fusil à deux coups. Tandis que je lui racontais ce qui nous était arrivé pendant la nuit, il m'interrompit d'un air animé : il me dit qu'on avait volé la chaloupe de la *Découverte*, et il m'instruisit de ses préparatifs pour la recouvrer. Il était dans l'usage, lorsque nous avions perdu des choses importantes sur quelques-unes des îles de cette mer, d'amener à bord le roi, ou plusieurs des principaux *Eares*, et de les y retenir en otage jusqu'à ce qu'on nous eût rendu ce qu'on nous avait pris. Il songeait à employer un expédient qui lui avait toujours réussi. Il venait de donner des ordres d'arrêter toutes les pirogues qui essaieraient de sortir de la baie, et il avait le projet de les détruire, si des moyens plus paisibles ne suffisaient pas pour recouvrer la chaloupe. Il plaça, en effet, en travers de la baie, les petites embarcations de la *Résolution* et de la *Découverte*, bien équipées et bien armées, et, avant que je reprisse le chemin de la côte, on avait tiré quelques coups de canon sur deux grandes pirogues qui tâchaient de se sauver.

Nous quittâmes le vaisseau, M. Cook et moi, entre sept et huit heures; M. Cook montait la pinasse, et il avait avec lui M. Philips et neuf soldats de marine, et je m'embarquai sur le petit canot. Les derniers ordres que je reçus de lui furent de calmer l'esprit des naturels, en les assurant qu'on ne leur ferait pas de mal, de ne pas diviser ma petite troupe et de me tenir sur mes gardes. Nous nous séparâmes ensuite; M. Cook marcha vers le rivage de Kowrowa, résidence du roi, et moi du côté de l'observatoire. Mon premier soin, en arrivant à terre, fut d'enjoindre aux soldats de marine, de la manière la plus rigoureuse, de ne pas sortir de la tente, de charger leurs fusils à balles et de ne pas les quitter. J'allai me promener vers les cabanes du vieux Koah et des prêtres, et je leur expliquai, le mieux qu'il me fut possible, l'objet de nos préparatifs d'hostilité, qui leur causaient une vive alarme. Je vis qu'ils avaient déjà ouï parler du vol de la chaloupe de la *Découverte*, et je leur protestai que nous étions décidés à recouvrer cette embarcation et à punir les coupables, mais que la communauté des prêtres et les habitants du village, du côté de la baie où nous étions, ne devaient pas avoir la plus légère crainte. Je les priai d'expliquer ma réponse au peuple, de le rassurer et de l'exhorter à demeurer tranquille.

Koah me demanda, avec beaucoup d'inquiétude, si on ferait du mal à Terreboo : je l'assurai que non, et il parut, ainsi que ses confrères, enchanté de ma promesse.

Le capitaine Cook appela, sur ces entrefaites, la chaloupe de la *Résolution,* qui était en station à la pointe septentrionale de la baie ; l'ayant prise avec lui, il continua sa route vers Kowrowa, et il débarqua, ainsi que le lieutenant et les neuf soldats de marine. Il marcha tout de suite au village, où il reçut les marques de respect qu'on avait coutume de lui rendre. Les habitants se prosternèrent devant lui, et lui offrirent de petits cochons, selon leur usage. S'apercevant qu'on ne soupçonnait en aucune manière ses desseins, il demanda où étaient Terreboo et les deux fils de ce prince, qui avaient si longtemps mangé à notre table à bord de la *Résolution*. Les deux jeunes princes ne tardèrent pas à

arriver avec les insulaires qu'on avait envoyés après
eux, et sur-le-champ ils conduisirent le capitaine
Cook à la maison où leur père était couché. Ils trouvèrent le vieux roi à moitié endormi, et, M. Cook ayant
dit quelques mots sur le vol de la chaloupe, dont il ne le
supposait pas du tout complice, il l'invita à venir aux
vaisseaux et à passer la journée à bord de la *Résolution*. Le roi accepta la proposition sans balancer, et il
se leva à l'instant même afin d'accompagner M. Cook.

Nos affaires prenaient déjà cette heureuse tournure,
les deux fils du roi étaient déjà dans la pinasse, et le
reste de la petite troupe se trouvait au bord de l'eau,
lorsqu'une vieille femme appela à haute voix Kanee
Kabareea, la mère des deux princes et l'une des épouses
favorites de Terreboo; elle s'approcha du roi, elle
employa les larmes et les prières les plus ardentes pour
l'empêcher de venir aux vaisseaux. En même temps
deux chefs qui étaient arrivés avec elle retinrent le
roi, en l'avertissant de nouveau qu'il ne devait pas
aller plus loin, et ils le contraignirent à s'asseoir. Les
insulaires qui se rassemblaient le long du rivage, où
ils formaient des groupes sans nombre, et qui vraisemblablement étaient effrayés du bruit des canons et des
préparatifs d'hostilité qu'ils apercevaient dans la baie,
commencèrent à se précipiter en foule autour du capitaine Cook et de leur roi. Le lieutenant des soldats de
marine, qui vit ses gens très pressés par la multitude
et hors d'état de se servir de leurs armes, s'il fallait y

avoir recours, proposa à M. Cook de les mettre en bataille le long du rocher, près du bord de la mer, et, la populace leur ayant ouvert sans difficulté un chemin, ils se postèrent à environ 30 verges de l'endroit où Terreboo était assis.

Durant tout cet intervalle, le vieux roi fut assis par terre ; la frayeur et l'abattement étaient peints sur son visage. M. Cook, ne voulant pas renoncer à son projet, continuait à le presser vivement de s'embarquer, et, lorsque le prince sembla disposé à le suivre, les chefs qui l'environnaient l'en détournèrent d'abord par des prières et des supplications ; ils eurent ensuite recours à la force et à la violence, et ils insistèrent pour qu'il demeurât où il était. M. Cook, voyant que l'alarme était devenue trop générale et qu'il n'était plus possible d'emmener le roi sans verser du sang, abandonna sa première résolution ; il observa à M. Philips que s'il s'opiniâtrait à vouloir conduire le prince à bord, il courrait grand risque de tuer un grand nombre d'insulaires.

Quoique l'entreprise qui avait amené M. Cook à terre eût manqué et qu'il ne songeât plus à la suivre, il paraît que sa personne ne courut de danger qu'après un accident qui donna à cette dispute la tournure la plus fatale. Nos canots placés en travers de la baie, ayant tiré sur des pirogues qui essayaient de s'échapper, tuèrent, par malheur, un chef de premier rang. La nouvelle de sa mort arriva au village où se trouvait

M. Cook, au moment où il venait de quitter le roi et où il marchait tranquillement vers le rivage : la rumeur et la fermentation qu'elle excita furent très sensibles ; les hommes renvoyèrent tout de suite les femmes et les enfants, ils se revêtirent de leurs nattes de combat et ils s'armèrent de piques et de pierres. L'un d'eux, qui tenait une pierre et un long poignard de fer appelé *pahooa*, s'approcha de notre commandant, se mit à le défier en brandissant son arme, et il le menaça de lui jeter sa pierre. M. Cook lui conseilla de cesser ses menaces ; mais, l'insolence de son ennemi ayant augmenté, il fut irrité et lui tira un coup de petit plomb. L'insulaire était revêtu d'une natte que le plomb ne put pénétrer, et, lorsqu'il vit qu'il n'était pas blessé, il n'en fut que plus audacieux.

On jeta plusieurs pierres aux soldats de marine, et l'un des *Erees* essaya de poignarder M. Philips, mais il n'en vint pas à bout, et il reçut un coup de crosse de fusil. M. Cook tira alors le second coup de son fusil double, chargé à balle, et il tua celui des naturels qui était le plus avancé. Immédiatement après ce meurtre, les gens du pays formèrent une attaque générale à coups de pierres, et les soldats de marine et ceux de nos matelots qui occupaient les canots leur répondirent par une décharge de mousqueterie. Ce qui surprit tout le monde, les insulaires soutinrent le feu avec beaucoup de fermeté, et ils se précipitèrent sur notre dé-

tachement en poussant des cris et des hurlements terribles, avant que les soldats de marine eussent le temps
de recharger. On vit alors une scène d'horreur et de
confusion.

Quatre des soldats de marine furent arrêtés sur les
rochers, au moment où ils se retiraient, et immolés à
la fureur de l'ennemi ; trois autres furent blessés d'une
manière dangereuse ; le lieutenant, blessé entre les deux
épaules d'un coup de *pahooa*, avait, par bonheur, réservé son feu, et il tua l'homme qui venait de le bles-
ser, lorsque celui-ci s'apprêtait à porter le second coup.

Notre malheureux commandant se trouvait au bord
de la mer la dernière fois qu'on l'aperçut d'une manière distincte ; il criait aux canots de cesser leur feu et
d'approcher du rivage, afin d'embarquer notre petite
troupe. S'il est vrai que les soldats de marine et les
équipages des canots avaient tiré sans son ordre, et
qu'il voulait prévenir une nouvelle effusion de sang,
comme quelques-uns de ceux qui furent de l'action l'ont
cru, il est probable qu'il fut la victime de son huma-
nité ; on observa, en effet, que, tant qu'il regardait les
naturels en face, aucun d'eux ne se permit de violence
contre lui, mais que, s'étant retourné pour donner des
ordres aux canots, il fut poignardé par derrière et tomba
le visage dans la mer.

Les insulaires poussèrent des cris de joie lorsqu'ils le
virent tomber ; ils traînèrent tout de suite son corps

sur le rivage, et, s'enlevant le poignard les uns les autres, ils s'acharnèrent tous à lui porter des coups, lors même qu'il ne respirait plus.

Ainsi se termina la carrière du grand homme qui commandait notre expédition. Après une vie illustrée par des entreprises si étonnantes et si heureuses, on ne put dire que sa mort fut prématurée; il avait assez vécu pour exécuter les nobles projets auxquels la nature semblait l'avoir destiné. Il est impossible de dire combien il fut pleuré et regretté de tous ceux qui avaient si longtemps fondé leur sécurité personnelle sur ses lumières et sur son courage. Je n'essaierai pas non plus de peindre l'horreur dont nous fûmes saisis, ni l'abattement et la consternation universelle qui suivirent un malheur si affreux et si imprévu.

CHAPITRE XVIII.

Suite de nos opérations à Owhyhee, après la mort de M. Cook. — On nous rapporte ses restes. — Départ de la baie de Karakakooa.

J'ai déjà dit que quatre des soldats de marine qui accompagnaient M. Cook demeurèrent sur le champ de bataille. Les autres se jetèrent dans l'eau, ainsi que M. Philips, leur lieutenant, et, couverts par un feu très vif qui partait des canots, ils échappèrent à la mort.

Quand la consternation que cette nouvelle désastreuse jeta parmi les équipages, eut un peu diminué, on s'occupa du détachement posté au moraï, où je me trouvais avec les mâts et les voiles et une garde composée seulement de six soldats de marine.

Notre position devenait extrêmement critique. Nous n'étions pas seulement en danger de perdre la vie, nous courrions risque de perdre le fruit de notre expédition, ou au moins un des vaisseaux. L'un des mâts de la *Résolution* et la plus grande partie de nos voiles se trouvaient à terre, sans autre garde que six soldats de marine : leur perte eût été irréparable.

Après avoir placé les soldats de marine au sommet

du moraï, sous le commandement de M. Bligh, je me rendis à bord de la *Découverte*, afin d'exposer au capitaine Clerke notre situation. Dès que j'eus quitté mon poste, les naturels attaquèrent mon détachement à coups de pierres, et je fus à peine arrivé à bord que j'entendis le feu des soldats de marine. Je retournai tout de suite à terre, où les choses prirent de moment en moment une tournure plus fâcheuse. Les naturels s'armaient, et leur nombre s'accroissait rapidement.

Ils commencèrent d'abord à nous attaquer avec des pierres qui partaient du derrière des murs, et, voyant que nous ne leur répondions pas, ils commencèrent à devenir plus audacieux. On dirigea contre eux une violente mousqueterie, qui bientôt les fit reculer.

La bravoure d'un de ces guerriers mérite d'être signalée. Étant revenu sur ses pas, au milieu du feu de tout notre détachement, pour emporter son camarade, il reçut une blessure qui l'obligea d'abandonner le corps; il reparut peu de minutes après, et, blessé de nouveau, il fut obligé de se retirer une seconde fois. J'arrivai au moraï dans ce moment : je le vis revenir pour la troisième fois, tout couvert de sang et tombant en défaillance ; instruit de ce qui venait de se passer, je défendis aux soldats de tirer davantage, et on le laissa emporter son ami. Il l'eut à peine chargé sur ses épaules qu'il tomba lui-même et rendit le dernier soupir.

Un renfort des deux vaisseaux arriva alors : les na-

turels furent mis en fuite et nous pûmes enlever le mât
de la *Résolution*, les voiles et notre équipage astrono-
mique.

Arrivé à bord de nos vaisseaux, je discutai avec le
capitaine Clerke sur le parti qu'il y avait à prendre, et
il conclut pour la modération. Tandis que nous délibé-
rions, une multitude innombrable d'insulaires défendait
la côte; quelques-uns d'entre eux arrivèrent en pirogues, et, à portée de pistolet, eurent la hardiesse de nous
défier et de nous donner diverses marques de mépris.
Nous eûmes beaucoup de peine à contenir les matelots,
qui, en ces occasions, voulaient se servir de leurs armes;
mais comme nous avions adopté des mesures pacifiques,
on permit aux naturels de s'en retourner tranquillement.

Sur les huit heures du soir, on entendit une pirogue
qui ramait vers la *Résolution*; au moment où on l'a-
perçut, les deux sentinelles qui étaient sur le pont lui
tirèrent des coups de fusil. Les deux hommes qui montaient cette embarcation se mirent tout de suite à crier
Tinnee (c'est ainsi qu'ils prononçaient mon nom); ils
dirent qu'ils étaient nos amis et qu'ils voulaient me
donner quelque chose qui avait appartenu au capitaine
Cook. Lorsqu'ils arrivèrent à bord, ils se jetèrent à
nos pieds et parurent très effrayés; heureusement, ni
l'un ni l'autre ne se trouvaient blessés, quoique les balles
de nos sentinelles eussent percé leur pirogue. Nous reconnûmes l'un des prêtres, qui accompagnait toujours le

capitaine Cook en observant le cérémonial que j'ai déjà décrit, et qui, malgré le rang distingué qu'il occupait dans l'île, voulait absolument remplir auprès de lui les fonctions de nos derniers domestiques. Après avoir versé un torrent de larmes sur la mort d'*Orono*, il nous avertit qu'il apportait une partie du corps. Il nous présenta ensuite un petit paquet couvert d'étoffe, qu'il tenait sous son bras ; il m'est impossible de décrire l'horreur dont nous fûmes saisis à la vue d'un morceau de chair humaine d'environ neuf à dix livres. Il nous apprit que c'était tout ce qui en restait, que les autres parties avaient été dépecées et brûlées.

Il s'offrait une occasion de nous informer si les habitants de ces îles sont cannibales, et nous ne la manquâmes pas. Nous leur demandâmes ce qu'on avait fait du reste du corps. Ils répondirent constamment l'un et l'autre qu'on en avait dépecé et brûlé toute la chair. Nous leur demandâmes enfin si on n'en avait pas mangé une partie. A cette idée, ils montrèrent sur-le-champ toute l'horreur que pourrait montrer un Européen, et ils nous demandèrent très naturellement si nous étions dans l'usage de manger de la chair humaine. Ils nous proposèrent enfin cette question avec beaucoup d'inquiétude et d'un ton qui annonçait beaucoup d'inquiétude : *Quand l'Orono reviendra-t-il, et que nous fera-t-il à son retour?*

Nous pressâmes nos deux amis de demeurer à bord

jusqu'au matin, mais tous nos efforts pour les retenir furent inutiles. Ils nous dirent que si leur voyage était connu du roi ou des chefs, il pourrait avoir les conséquences les plus fâcheuses pour leur communauté, et que, voulant éviter ce malheur, ils étaient venus nous voir à la nuit, en cachette, et qu'ils allaient prendre les mêmes précautions pour retourner. Ils nous dirent ensuite que les chefs voulaient venger leurs frères tués, et qu'il fallait avoir la plus grande défiance; puis ils nous donnèrent encore toutes les marques d'affection possibles, et ils retournèrent au rivage.

Le lendemain au matin, les embarcations des deux vaisseaux furent envoyées à terre pour remplir les futailles, et la *Découverte* fut remorquée près du rivage, afin de protéger les travailleurs. Nous reconnûmes bientôt que l'avis des prêtres n'était pas sans fondement, car les naturels tout à coup se mirent à attaquer les travailleurs à coups de pierres, et les coups de fusil du détachement que nous avions sur la côte ne purent les forcer à la retraite.

Comme il était nécessaire que nos hommes pussent faire la quantité d'eau qui nous était indispensable, la *Découverte* eut ordre de déloger les assaillants à coups de canon; quelques décharges furent faites pour cela, et nos gens débarquèrent tranquillement. Les naturels néanmoins ne tardèrent pas à reparaître et à recommencer leurs attaques; nous nous vîmes alors forcés

13.

de brûler quelques maisons éparses près du puits, derrière lesquelles ils se réfugiaient. Je le dis avec regret, les matelots chargés de ces ordres les exécutèrent avec une cruauté et avec une dévastation qu'on pouvait éviter, et nous fûmes très surpris de voir le village entier en feu.

Avant qu'un canot envoyé pour arrêter les progrès de l'incendie pût arriver à la côte, la flamme dévorait les maisons de nos amis les prêtres. J'étais malade ce jour-là, et je ne puis assez déplorer ce contre-temps, qui me contraignit de demeurer à bord. Les prêtres avaient été sous ma protection, et les officiers qui se trouvaient de service, ayant, par malheur, été rarement aux environs du moraï, ne connaissaient pas beaucoup la position des cabanes de ce district. Si j'avais été à terre, il est probable que je serais parvenu à garantir de ce malheur la communauté des prêtres. Quelques jours après, une multitude d'insulaires descendit la colline qui domine la grève ; ils formaient une espèce de procession, et au milieu nous aperçûmes Eappo revêtu d'un long manteau de plumes : il tenait quelque chose avec beaucoup de soin, et, s'étant placé sur un rocher, il nous fit signe de lui envoyer un canot.

Le capitaine Clerke pensa qu'Eappo nous apportait les restes de M. Cook : il prit la pinasse, il alla lui-même les recevoir, et il m'ordonna de le suivre dans la chaloupe. Lorsque nous fûmes au rivage, Eappo entra dans la pinasse, et il remit les restes de M. Cook enveloppés dans une quantité considérable d'une très belle étoffe neuve, et couverts d'un manteau semé de plumes noires et blanches. Il s'embarqua avec nous, mais nous ne pûmes le déterminer à monter sur le bord de la *Résolution*. Il ne voulut certainement pas, par décence, assister à l'ouverture du paquet. Nous y trouvâmes les mains de M. Cook bien entières : nous les reconnûmes aisément à une large cicatrice qui séparait le pouce de l'avant-doigt ; nous y trouvâmes, de plus, l'os du métacarpe et la tête dépouillée de la chair (la chevelure avait été coupée, et elle était séparée du crâne et jointe aux oreilles) ; les os de la face manquaient ; nous y trouvâmes aussi ceux des deux bras, auxquels pendait la peau des avant-bras, les os des jambes et des cuisses réunies, mais sans pieds. Les ligaments des jointures étaient en bon état ; le tour semblait avoir été au feu, si j'en excepte les mains qui conservaient leur chair, mais qui étaient découpées en plusieurs morceaux et remplies de sel, selon toute apparence afin qu'elles se gardassent plus longtemps. La partie du derrière de la chevelure offrait une estafilade, mais on ne voyait pas de fracture au crâne. Eappo nous dit que quelques-uns des chefs s'étaient emparés de la mandibule inférieure et des pieds, et que Terreboo mettait en usage tous les moyens pour les ravoir.

Eappo et le fils du roi vinrent à bord le 21 au matin ;

ils apportèrent le reste des ossements du capitaine Cook, les deux canons de son fusil, ses souliers et quelques autres choses.

Il ne nous restait plus qu'à procéder aux funérailles de notre illustre et malheureux commandant. Nous renvoyâmes Eappo, en lui enjoignant de mettre le taboo sur toute la baie, et, les ossements de M. Cook ayant été déposés l'après-midi dans une bière, on les jeta à la mer, avec le cérémonial accoutumé. Les lecteurs imagineront, s'ils le peuvent, quelle fut notre douleur pendant cette triste cérémonie. Ceux qui y assistèrent savent qu'il m'est impossible de l'exprimer.

Nous n'aperçûmes pas une pirogue dans la baie durant la matinée du 22; le taboo qu'Eappo y avait mis la veille à notre instigation n'avait pas encore été révoqué. Nous l'assurâmes que nous étions complétement satisfaits et que le souvenir de ce qui s'était passé avait été enseveli dans le cercueil d'*Orono*. Nous le priâmes ensuite d'ôter le taboo et de publier que les insulaires pouvaient, selon leur usage, nous apporter des provisions. Les vaisseaux furent bientôt environnés d'embarcations du pays. La plupart des chefs se rendirent sur notre bord, et témoignèrent un vif chagrin de la mésintelligence survenue entre nous, et une grande joie de ce que nous étions réconciliés. Plusieurs de nos amis qui ne vinrent pas nous voir nous envoyèrent de gros cochons et des provisions.

Comme nous étions prêts à remettre en mer, le capitaine Clerke, convaincu que, si la nouvelle de nos violences à Owhyhee arrivait avant nos vaisseaux aux îles situées sous le vent, il en résulterait des effets fâcheux pour nous, donna ordre de démarrer. Nous renvoyâmes tous les insulaires vers les 8 heures du soir, et Eappo nous fit de tendres adieux.

Nous appareillâmes immédiatement, le capitaine Clerke à qui passait le commandement en chef, sur la *Résolution*, et le lieutenant Gore, capitaine de la *Découverte*, après, et nous sortîmes de la baie. Les naturels bordaient en foule le rivage, et, à mesure que nous passâmes devant eux, ils reçurent nos derniers adieux avec toutes les marques possibles d'affection et de bienveillance.

CHAPITRE XIX.

Nous appareillâmes le 15 mars des îles Sandwich, et, après une traversée d'un mois et demi, nous découvrîmes un large bassin circulaire de vingt-cinq milles de circonférence, et, à quatre heures et demie, nous mouillâmes dans l'entrée de la baie d'Awatcha.

Le milieu de la baie était rempli de glaces flottantes qui dérivaient avec la marée, mais une glace solide rendait encore les côtes inabordables. Nous cherchâmes avec nos lunettes la ville de Saint-Pierre-et-Saint-Paul, dans chacun des angles de la baie; d'après ce qu'on nous avait dit à Oonolashka, nous croyions que c'était une place assez forte et assez considérable. A la fin nous découvrîmes sur une langue de terre, au nord-est, quelques misérables maisons de bois, et des huttes de forme conique élevées sur des perches : il n'y avait pas plus de trente habitations en tout, et, malgré le respect que nous désirions avoir pour un *ostrog* russe, leur position nous obligea de conclure que c'était Petropaulowska.

Durant la nuit, la marée fit dériver beaucoup de glaces près de nous ; on me chargea, à la pointe du jour, d'aller avec les canots examiner la baie, et de remettre au commandant russe les lettres qu'on nous avait données à Oonolashka. Je fis rame vers le village que j'ai déjà indiqué, et, après m'y être avancé aussi loin qu'il fut possible avec les embarcations, je descendis sur la glace, qui s'étendait à près d'un demi-mille de la côte. M. Webber et deux matelots m'accompagnèrent ; sur ces entrefaites, le master emmena la pinasse et me laissa le petit canot pour retourner à bord.

Quand nous eûmes fait quelques pas sur la glace, nous vîmes arriver un traîneau conduit par des chiens et traînant un seul homme. Tandis que nous admirions la bonté de cet étranger qui venait à notre secours, il retourna brusquement son traîneau, après nous avoir regardés, et reprit à la hâte le chemin de l'*ostrog*. Ce brusque départ nous affligea, car nous commencions à trouver notre route sur la glace très dangereuse. A chaque pas nous enfoncions dans la neige jusqu'au genou, et courions risque de crever la glace ; c'est ce qui m'arriva : tout à coup la glace cassa, et je coulai bas ; par bonheur je me débarrassai des glaçons qui m'environnaient, et l'un des matelots, qui était à peu de distance, me jeta une gaffe qu'il tenait ; j'établis cette gaffe en travers de quelques glaces flottantes placées près de moi, et je vins à bout de me relever.

Enfin nous vimes arriver un détachement russe composé d'environ trente soldats, conduit par un homme d'une physionomie intéressante, qui avait une canne à la main.

Il rangea sa troupe en bataille et s'arrêta. Je lui remis les lettres d'Ismyloff, et tâchai de lui faire comprendre que nous étions Anglais et que nous avions apporté ces papiers d'Oonolashka. Finalement nous arrivâmes au village, et là on ouvrit une des lettres d'Ismyloff et on envoya l'autre par express à Bolcheresk, résidence ordinaire du gouverneur du Kamtschatka.

... Plusieurs traineaux arrivèrent, à dix heures, sur les bords de la glace, et un de nos canots alla chercher les gens du pays qui les montaient. Il nous amenait, entre autres, un marchand russe, établi à Bolcheresk, appelé Fedofitels, et un Allemand qui apportait une lettre du major Behm, gouverneur du Kamtschatka, au capitaine Clerke.

Pouvant, à l'aide de M. Webber, qui parlait fort bien l'allemand, converser avec les Russes d'une manière assez facile, nos premières questions eurent rapport aux moyens de nous procurer des vivres et des munitions navales ; nous manquions surtout du dernier article, ce qui nous embarrassait fort depuis quelque temps. A l'aide des renseignements qui nous furent donnés, nous fîmes tant bien que mal nos approvisionnements.

Nous prîmes alors la route de Bolcheresk, et nous fûmes bientôt en présence du gouverneur.

Le major Behm était accompagné de son état major et de tout le corps des marchands de la place. Il nous mena chez lui, où sa femme nous reçut avec une extrême politesse ; nous y trouvâmes du thé et d'autres rafraîchissements qu'on nous avait préparés. Après les premiers compliments, nous priâmes M. Webber d'instruire le major de l'objet de notre voyage, de l'avertir que nous avions besoin de munitions navales, de farine, de provisions fraîches et d'autres choses pour les équipages des deux vaisseaux, et que nous avions l'intention d'appareiller le 5 juin.

La conversation se tourna ensuite d'un autre côté, et l'on imagine bien que nous essayâmes surtout de savoir quelque chose de ce qui se passait dans notre patrie. Nous courions les mers depuis trois ans, et nous avions compté que le major Behm nous apprendrait des nouvelles intéressantes ; il m'est impossible de dire combien nous regrettâmes que ses informations ne fussent pas plus récentes que notre départ d'Angleterre.

Nous prîmes congé de lui. Le lendemain, il vint nous

chercher, et, après des divertissements, des dîners et des fêtes de toutes sortes, après qu'il nous eut mis à même de faire tous nos approvisionnements, il nous quitta et nous reprîmes notre route.

Le 21 juillet, nous vîmes la côte d'Amérique au sud-est, à huit ou dix lieues de distance, et nous nous portâmes dessus ; mais nous fûmes arrêtés de nouveau par les glaces, et nous abandonnâmes le projet de revenir en Angleterre par le nord-est. Le capitaine Clerke, malade depuis fort longtemps, va exposer lui-même les motifs qui le déterminèrent à changer sa route, et le plan de navigation qu'il forma alors. Les lecteurs doivent l'écouter avec d'autant plus d'intérêt que ce sont les derniers détails que sa santé lui ait permis d'écrire.

« Il est maintenant impossible de pénétrer plus avant au nord sur cette côte (*d'Amérique*), et il est hors de toute vraisemblance que le reste de l'été puisse fondre cet amas prodigieux de glaces ; il paraît qu'elles offriront toujours une barrière insurmontable à chacune des tentatives que nous pourrions former. Je crois donc qu'il n'y a rien de mieux à faire, pour le bien du service, que de passer à la côte d'Asie et de chercher sur cette route quelque ouverture qui nous mène plus loin ; s'il n'y a point d'ouverture, de voir s'il est possible de passer le long de cette côte, où il est bien difficile d'espérer un meilleur succès, car la mer est maintenant si embarrassée de glaces, que l'impossibilité du passage me paraît absolument hors de doute. »

Ces raisons ayant déterminé le capitaine Clerke à ne plus faire de tentatives sur la côte d'Amérique et à ne plus chercher de passage que sur la côte d'Asie, nous continuâmes notre route au milieu d'une quantité considérable de glaces flottantes.

Le 23 juillet, la *Découverte* fut prise entre des glaces énormes, qui l'enfermèrent tellement qu'elle ne put plus marcher, et, penchant sous le vent, elle fut renversée ; ce n'est que le lendemain que, les glaces se divisant, elle put trouver un passage. Le 22 août 1779, à neuf heures du matin, nous eûmes le malheur de perdre le capitaine Charles Clerke, âgé de 38 ans. Il mourut d'une consomption qui avait commencé avant son départ d'Angleterre, et qui l'avait rendu languissant durant tout le voyage. Son dépérissement insensible nous affligeait depuis longtemps ; mais le courage, l'égalité d'âme, la bonne humeur qu'il conserva jusqu'à son dernier moment, et la résignation enjouée avec laquelle il se soumit à son sort, nous donnèrent une sorte de consolation.

Il servait dans la marine depuis sa tendre jeunesse ; il était midshipman à bord du *Dauphin* lorsque ce vaisseau fit son premier voyage autour du monde, sous le commodore Byron. Il fit son second voyage autour du monde sur l'*Endeavour*, en qualité d'aide du master, et, pendant l'expédition, devint lieutenant. Il fit une troisième fois le tour du globe, lors du premier voyage de la *Résolution*, dont il fut nommé second lieutenant ; peu de temps après son retour en Angleterre (en 1775), il fut élevé au rang de capitaine. Durant les préparatifs de l'expédition dont j'achève le journal, il fut nommé commandant de la *Découverte*, avec ordre d'accompagner M. Cook, et, à la mort de M. Cook, il obtint le commandement en chef, comme je l'ai déjà dit.

Nous revînmes alors au Kamtschatka, et, le 24 août, nous mouillâmes dans le havre de Saint-Pierre-et-Saint-Paul.

Le 25 août, le capitaine Gore expédia les nouvelles commissions que la mort de M. Clerke rendait nécessaires : il prit le commandement de la *Résolution*, il me donna celui de la *Découverte*; et comme nos instructions avaient prévu qu'il nous serait peut-être impossible de passer de la mer Pacifique dans l'océan Atlantique, elles autorisaient, en ce cas, le commandant à revenir en Angleterre par la route qu'il croirait la plus utile aux progrès de la géographie.

Le capitaine Gore demanda aux officiers principaux leur opinion par écrit sur la meilleure manière d'exécuter cet ordre de l'Amirauté. Le résultat de nos avis, qu'il eut la satisfaction de trouver unanimes et absolument d'accord avec le sien, fut que le délabrement des vaisseaux, des cordages et des voiles, et l'approche de l'hiver, rendaient dangereuse pour nous la navigation de la mer située entre le Japon et l'Asie ; qu'il était à propos de nous tenir à l'est du Japon, de longer les *Kouriles*. Nous nous proposions en outre de longer les côtes de la Chine jusqu'à Macao. Ce plan fut adopté, et le capitaine Gore m'ordonna de me rendre en hâte à Macao, si les vaisseaux se séparaient.

Nous sortîmes de la baie d'Awatcha le 10 octobre ; le 12, à 6 heures du soir, nous découvrîmes du haut des mâts le cap *Hopatka* ; bientôt nous passâmes devant les Kouriles, et, le 2 décembre, nous abordions à Macao.

Un des marchands chinois qu'on appelle *comprador* alla à bord de la *Résolution*, le 2 dans la matinée ; il vendit au capitaine Gore 200 livres de bœuf et une quantité considérable de légumes, d'oranges et d'œufs. La *Découverte* acheta une quantité à peu près pareille de ces articles. Le comprador s'engagea à nous fournir des vivres tous les jours, mais il voulut être payé d'avance.

Nous appareillâmes avec le flot à 2 heures du soir, et nous serrâmes le vent ; nous mouillâmes à 7 heures, Macao nous restant à l'ouest.

Le capitaine Gore me chargea, le soir, d'aller à terre faire une visite au gouverneur portugais et réclamer ses secours au sujet des rafraîchissements dont nous avions besoin : il crut que de cette manière nous achèterions des vivres à meilleur compte. J'emportai un état des munitions navales nécessaires à nos deux vaisseaux ; je voulais me rendre tout de suite à Canton, et m'adresser à ceux des employés de notre compagnie des Indes qui se rendaient dans cette ville. Dès que je fus arrivé à la citadelle, le major me dit que le gouverneur était malade et hors d'état de voir personne, mais que les Portugais nous donneraient toutes les facilités qui dépendraient d'eux. Je jugeai que cette bonne volonté ne produirait pas de grands effets, parce que les Portugais sont à la merci des Chinois, même pour leur subsistance. La première réponse du major me prouva assez à quel point la puissance de sa nation est tombée dans ce pays, car, lorsque je l'eus instruit de mon projet de me rendre de suite à Canton, il me dit qu'il n'oserait pas me fournir un bateau sans en avoir obtenu la permission du *hoppo*, ou de l'officier des douanes, et qu'il fallait pour cela s'adresser au vice-roi de Canton.

Pour juger du chagrin que me causa ce délai inattendu, il faudrait sentir avec quelle extrême impatience nous désirions, depuis si longtemps, savoir des nouvelles d'Europe. Les hommes très occupés d'un objet, négligent souvent les moyens de l'obtenir, les plus aisés et les plus simples ; c'est ce qui m'arriva. J'avais repris tristement le chemin des vaisseaux, lorsque l'officier portugais qui m'accompagnait me demanda si je ne verrais pas les Anglais établis à Macao : je n'ai pas besoin de dire avec quel transport je profitai de son idée, et avec quelle joie nous nous rendîmes à la maison d'un de mes compatriotes.

L'Anglais auquel on m'adressa ne put guère répondre aux questions que je lui fis sur les intérêts particuliers de mes camarades ou sur les miens ; mais les événements publics qui étaient survenus depuis notre départ accablèrent mon esprit brusquement, et tout à la fois m'ôtèrent presque la faculté de réfléchir.

Les nouvelles d'Europe que nous venions de recevoir nous donnèrent plus de désir encore de hâter notre départ, et je m'occupai de nouveau des moyens de passer à Canton ; mais ce fut sans effet, la difficulté venait de la police du pays, et l'on me dit qu'un événement survenu peu de semaines avant notre arrivée devait l'augmenter encore. M. Panton, commandant du *Seastow*, frégate de 25 canons, avait été envoyé de Madras ici avec ordre de presser le paiement d'une somme d'environ un million sterling, capital et intérêts compris, due par des négociants chinois de Canton à des particuliers anglais établis aux Indes orientales ou en Europe. Cet officier, chargé de demander une audience au vice-roi de Canton, l'obtint après quelques délais et après s'être vu contraint d'employer la menace. La réponse qu'on lui fit sur l'objet de sa mission fut loyale et satisfaisante ; mais il fut à peine parti qu'on afficha, sur la porte de toutes les maisons des Européens et dans les places publiques de la ville, un édit qui défendait aux étrangers de prêter de l'argent aux sujets de l'empereur, sous quelque prétexte que ce fût. Cet édit avait excité de vives alarmes à *Canton*. Les négociants chinois, qui avaient souscrit la dette contre les lois du commerce de leur pays, et qui niaient en partie la justice de la demande, craignirent que l'affaire ne fût portée à Pékin, et que l'empereur, qui a la réputation d'un prince juste et sévère, ne les condamnât à perdre leur fortune, et même leur vie ; d'un autre côté, le comité choisi, auquel la cause des créanciers anglais avait été fortement recommandée par le président de *Madras*, craignait de se brouiller avec le gouvernement chinois, et de causer par là des pertes irréparables à la Compagnie.

L'arrivée de la *Résolution* et de la *Découverte* à une époque si critique devait produire de nouvelles alarmes, et, ne voyant aucune probabilité de pouvoir me rendre à Canton, j'écrivis aux subrécargues anglais. Je les instruisis des motifs qui nous avaient amenés ; je les priai de me procurer un passeport, et de nous faire parvenir le plus tôt possible les munitions dont nous avions besoin et dont je leur envoyai la liste.

Le comprador qui avait pris des engagements avec nous s'était évadé, et il emportait une petite somme d'argent que nous lui avions donnée pour acheter des vivres ; un autre auquel nous nous adressâmes approvisionna les deux vaisseaux durant notre relâche.

Le capitaine Gore reçut, le 9, une réponse des subrécargues anglais établis à Canton. Ils l'assuraient qu'ils
allaient faire tous leurs efforts et qu'ils lui procure-
raient le plus tôt possible les munitions dont nous avions
besoin.

Un négociant anglais d'un de nos établissements aux
Indes orientales demanda, le lendemain, au capitaine
Gore quelques hommes pour conduire à Canton un navire qu'il venait d'acheter à Macao. M. Gore, jugeant
cette occasion favorable, m'ordonna de me rendre sur
ce navire avec mon second lieutenant, le lieutenant des
soldats de marine et dix matelots. Ce n'est pas de cette
manière que j'eusse désiré faire le voyage de Canton ;
mais, l'époque où m'arriverait mon passeport étant in-
certaine, ma présence pouvait beaucoup contribuer à
l'expédition des articles que nous avions demandés.

Le navire que je montais sortit du havre de Macao
le 11 décembre, et, six jours après, j'arrivai à Canton.
Je débarquai à la factorerie anglaise, où l'on fut bien
surpris de me voir et où l'on me reçut avec toutes les
politesses possibles. Le comité choisi était alors composé de M. Fith Hugh, le président, de M. Rivan et de
M. Rapier. Ils me donnèrent sur-le-champ l'état des
munitions que nos vaisseaux de l'Inde pourraient me
fournir. J'étais bien convaincu que les capitaines de ces
bâtiments nous redevaient tout ce qu'ils pourraient enlever sur leur approvisionnement sans compromettre

14

leur sûreté et sans nuire aux intérêts de la Compagnie, et j'eus bien du regret de trouver à peine sur la liste quelques articles de cordages et de toiles, choses dont nous avions surtout besoin. Au reste, j'eus la satisfaction de savoir que toutes ces munitions étaient prêtes et qu'on nous procurerait des vivres en vingt-quatre heures.

En effet, le lendemain tout fut livré et embarqué.

Nous avions jugé que Canton serait un lieu très favorable pour la vente de nos fourrures, et le capitaine Gore m'avait conseillé d'y apporter et d'y vendre une vingtaine de peaux de loutres, dont la plus grande partie appartenait à la succession de MM. Cook et Clerke. Cette commission m'offrit les moyens de connaître un peu l'esprit mercantile des Chinois. Je priai les subrécargues de me recommander à un honnête marchand chinois qui m'en offrît un prix raisonnable du premier mot. On m'adressa à un membre du *Long*, ou société des premiers négociants de Canton, lequel, sachant bien ma position, parut en comprendre la délicatesse. Le Chinois m'assura que je pouvais compter sur son intégrité, et que, dans de pareilles occasions, il se regardait comme un agent et ne songeait pas à ses intérêts. Après avoir regardé mes fourrures, il m'offrit 300 piastres de ce qui en valait au moins 1,000. Après maints débats, il m'en donna 800, que je pris, fatigué de la négociation. Canton, en y comprenant l'ancienne

et la nouvelle ville avec les faubourgs, a au moins dix
milles de tour. Quant à sa population, si l'on peut en
juger d'après le nombre d'habitants qu'offrent les faubourgs, je la croirais bien au-dessous d'une ville d'Europe de la même grandeur, et voici pourquoi. Il est
sûr qu'une maison chinoise occupe plus d'espace que
n'en occupent ordinairement les maisons d'Europe,
mais il faut ajouter que, dans les faubourgs de Canton,
il y a une multitude de maisons qui ne sont autre chose
que les magasins des négociants et des marchands, dont
la famille demeure dans l'intérieur de la ville. D'un
autre côté, une famille chinoise paraît, en général, composée de plus de monde qu'une famille européenne. Un
mandarin a, selon son rang et sa fortune, de cinq à vingt
femmes ; un négociant en a de trois à cinq : un de ceux
de Canton en avait vingt-cinq et trente-six enfants, mais
on me le cita comme un exemple extraordinaire ; un
riche marchand en a pour l'ordinaire deux, et il est rare
que les individus des dernières classes en aient plus
d'une. Le nombre des domestiques est au moins double
de celui qu'on a en Europe. D'après ces données, il est
vraisemblable que la ville et les faubourgs de Canton
contiennent environ 150,000 âmes.

Il y a 50,000 soldats dans la province dont Canton
est la capitale. On dit que l'intérieur et les environs de
la ville en contiennent 20,000, et on m'en donna une
preuve, car on m'assura qu'à l'occasion de quelques

troubles arrivés à Canton, 30,000 hommes prirent les armes dans l'espace de peu d'heures.

Les rues sont longues, et la plupart étroites et irrégulières ; mais de larges pierres en forment le pavé, et en général on les tient extrêmement propres. Les maisons de brique sont à un seul étage, et elles renferment, sur les derrières, deux ou trois cours qui servent de magasins : les appartements des femmes qui habitent l'intérieur de la ville se trouvent dans ces lieux retirés. Il y a un petit nombre de maisons de bois : elles appartiennent aux dernières classes du peuple.

Les maisons des facteurs européens occupent un beau quai ; elles ont sur la rivière une façade régulière de deux étages, et leur disposition intérieure est tout à la fois à l'européenne et à la chinoise. Elles touchent à un certain nombre d'autres qui appartiennent à des Chinois, et qu'on loue à des capitaines de vaisseaux et aux négociants que leurs affaires appellent à Canton.

Durant mon séjour, un de mes compatriotes nous mena chez un Chinois des plus distingués du pays. Nous fûmes reçus dans une grande salle ou galerie, à l'extrémité de laquelle il y avait une table ; une grande chaise se trouvait derrière la table, et nous aperçûmes d'autres chaises de chaque côté dans toute la longueur de la pièce. On m'avait averti que la politesse consiste à se tenir debout aussi longtemps que possible, et je ne manquai pas de me conformer à cette étiquette ; on nous servit ensuite du thé et des fruits confits et frais. Le personnage que nous étions venus voir avait beaucoup d'embonpoint, une physionomie morne et une extrême gravité dans ses manières; il parlait un jargon composé d'anglais et de portugais. Lorsque nous eûmes pris des rafraîchissements, il nous montra sa maison et ses jardins, et nous nous retirâmes ensuite.

Durant mon absence, les Chinois avaient acheté beaucoup de peaux de loutres aux vaisseaux, et ils les avaient payées plus cher de jour en jour; un de nos matelots vendit sa pacotille 800 francs. Je suis sûr que la *Résolution* et la *Découverte* tirèrent au moins 2,000 livres sterling de leurs fourrures, à tel point que nos matelots voulaient, à un degré qui touche presque à la révolte, retourner à la rivière de Cook et faire leur fortune avec une cargaison de peaux.

La vente de ces fourrures avait changé d'une manière très bizarre les habits de nos équipages. Les jeunes officiers et les matelots étaient couverts de guenilles lorsque nous arrivâmes ici. Notre expédition excédant déjà d'une année le temps que nous avions compté demeurer en mer, tous nos habits européens étaient usés depuis longtemps, ou rapetassés avec des morceaux de fourrures ou des ouvrages des diverses peuplades que nous avions rencontrées sur notre route; nous y ajoutâmes ici des lambeaux de riches étoffes de

14.

soie ou de coton de la Chine, ce qui produisit une autre bigarrure.

Le 11 janvier, deux matelots de la *Résolution* désertèrent avec un canot à six rames ; nous les recherchâmes, mais nous ne pûmes jamais savoir ce qu'ils étaient devenus, et nous supposâmes que le désir de faire fortune en retournant aux îles et à la côte d'Amérique les avait séduits.

CHAPITRE XX.

Nous demarrâmes le 12 janvier 1780, à midi, et nous mîmes en batterie nos canons, qui, sur mon vaisseau, étaient au nombre de dix ; nous y ajoutâmes quatre nouveaux sabords, et je pouvais tirer sept coups à chaque bordée. Le capitaine Gore, au lieu de quatorze, en portait seize. Nous avions établi une forte barricade autour des œuvres mortes de la *Résolution* et de la *Découverte*, et nous avions pris d'autres précautions pour en imposer le plus qu'il serait possible.

Nous jugeâmes qu'il convenait de nous occuper de ces moyens de défense ; nous avions cependant lieu de croire que la générosité de nos ennemis les rendrait superflus. Les papiers publics arrivés en dernier lieu d'Angleterre à Canton annonçaient qu'on avait trouvé, à bord de tous les vaisseaux de guerre français pris en Europe, des ordres aux capitaines de laisser passer les vaisseaux de M. Cook. On nous dit aussi que le congrès américain avait donné les mêmes ordres aux officiers de la marine. Des lettres particulières adressées à plusieurs subrécargues confirmant cette nouvelle, le capitaine Gore crut devoir répondre à l'exception généreuse établie en notre faveur. Il résolut de n'attaquer aucun des navires ou vaisseaux qu'il pourrait rencontrer, et de garder la neutralité la plus stricte jusqu'à son arrivée en Angleterre.

Nous fûmes sous voile à deux heures de l'après-midi, et la *Résolution* salua de onze coups de canon le fort de Macao. On lui rendit le salut avec le même nombre de coups ; nous appareillâmes, et bientôt nous perdîmes de vue Canton.

Après avoir dépassé *Pulo Sapata*, nous gouvernâmes à l'ouest, et nous mîmes le cap sur *Pulo Condore*.

Dès que nous fûmes à l'ancre, le capitaine Gore tira un coup de canon afin d'instruire les naturels du pays de notre arrivée, et de les attirer sur la grève ; mais cet expédient n'eut aucun succès.

Quoiqu'on eût tiré un second coup de canon, aucun des naturels du pays ne s'était encore montré ; le capitaine Gore crut devoir descendre à terre et les aller chercher, afin d'acheter tout de suite les provisions que l'île pouvait fournir. Il m'ordonna, le 22 au matin, de l'accompagner, et nous descendîmes avec un midshipman et quatre matelots armés.

Du moment où j'atteignis les huttes, j'y entrai seul, et j'ordonnai à ma petite troupe de se tenir au dehors, afin que la vue de nos armes n'épouvantât pas les habitants. Je trouvai dans une de ces cabanes un vieillard qui était très effrayé, et qui se disposait à prendre la fuite avec ce qu'il pouvait emporter de plus précieux ; mais je parvins tellement à dissiper ses craintes, qu'il sortit et cria à deux de ses compatriotes de revenir. Quelques signes, et surtout une poignée de piastres que je lui présentai en montrant un troupeau de buffles et de volailles, ne lui laissèrent plus de doute sur le véritable objet de notre descente. Il m'indiqua le lieu où était située la bourgade, et me fit comprendre qu'on m'y fournirait toutes les choses dont nous aurions besoin. Les jeunes gens qui avaient pris la fuite étaient revenus ; on nous mena à la maison la plus étendue de la bourgade : elle appartenait au chef, ou, pour me servir du terme qu'emploient les naturels, au capitaine. Elle offrait, à chacune de ses extrémités, une chambre, qu'une cloison de roseau séparait de l'espace du milieu, ouvert aux deux côtés ; cette chambre était garnie de paravents. On nous pria honnêtement de nous asseoir sur des nattes, et on nous présenta du bétel.

A l'aide de mon argent et des divers objets qui se trouvaient sous nos yeux, je fis assez bien comprendre l'objet de ma mission à un homme qui paraissait être le principal personnage de la compagnie, et, de son côté, il ne tarda pas à répondre, d'une manière intelligible pour moi, que le chef ou le capitaine était absent, mais qu'il reviendrait bientôt, et que je ne pouvais rien acheter sans son aveu.

Enfin, quelque temps après, il arriva, et nous traitâmes de nos approvisionnements.

Voulant tirer quelque parti de ce délai, nous nous promenâmes dans la bourgade, et nous n'oubliâmes pas de chercher les restes d'un fort bâti par nos compatriotes en 1702, près de l'endroit où nous étions.

De retour à la maison du capitaine, nous eûmes le chagrin de voir qu'il n'était pas encore arrivé ; nous en fûmes d'autant plus affligés que l'heure fixée par le capitaine Gore pour notre retour au canot approchait. Les naturels nous engageaient à prolonger notre séjour ; ils nous proposèrent de passer la nuit à la bourgade, et ils nous offrirent pour cela toutes les commodités qui dépendaient d'eux. J'avais remarqué avant notre promenade, et je le remarquai davantage à notre retour, que mon interlocuteur se retirait souvent à une des chambres de l'extrémité de la grande maison, qu'il y demeurait quelques minutes, et qu'il venait ensuite répondre à mes questions : je soupçonnai que le capitaine y était et qu'il ne voulait pas se montrer. J'en doutai moins encore lorsque j'entrepris de pénétrer dans cette chambre et qu'on m'arrêta. Enfin il parut clairement que mes soupçons étaient bien fondés, car, tandis que nous nous disposions à partir, l'insulaire qui avait fait tant d'allées et de venues sortit de cette chambre avec un papier à la main, qu'il me donna, et je fus très surpris d'y lire une espèce de certificat en français conçu dans les termes que voici :

« PIERRE-JOSEPH-GEORGE, évêque d'*Adran*, vicaire apostolique de *Cochinchine*, etc., etc.

» Le petit mandarin porteur de cet écrit est véritablement envoyé de la cour, à Pulo Condore, pour y attendre et recevoir tout vaisseau européen qui aurait la destination d'approcher ici. Le capitaine, en conséquence, pourrait se fier ou pour conduire le vaisseau au port, ou pour faire passer les nouvelles qu'il pourrait croire nécessaires.

» *A Saïgon*, le 10 août 1779.

» PIERRE-JOSEPH-GEORGE,

évêque d'Adran. »

Je rendis le papier, en protestant que nous étions les bons amis du mandarin, et j'ajoutai que nous espérions avoir le plaisir de le voir au vaisseau ; afin de le convaincre de cette vérité, nous partîmes alors, assez contents de ce qui s'était passé, mais formant beaucoup de conjectures sur le billet écrit en français. Trois des insulaires se présentèrent pour nous servir de guides : nous acceptâmes volontiers leurs services, et nous revînmes par la route que nous avions déjà faite. Le capitaine Gore fut charmé de notre retour ; notre course avait duré une heure par delà le temps fixé : il commençait à avoir de l'inquiétude et se disposait à courir après nous. Il s'était occupé, d'une manière utile, durant notre absence : sa petite troupe avait rempli le canot de choux palmistes, qui abondent dans cette baie. Nous donnâmes à chacun de nos guides une piastre de récompense, et cette petite somme les rendit très heureux ; nous les chargeâmes aussi d'une bouteille de rhum pour le mandarin. L'un d'eux consentit à venir à bord.

Nous arrivâmes aux vaisseaux à deux heures après midi, et plusieurs de nos chasseurs revinrent des bois : ils rapportaient peu de gibier ; ils avaient cependant vu un grand nombre d'oiseaux et de quadrupèdes. Un *pros* monté par six hommes partit de l'extrémité supérieure du havre, et rama vers les vaisseaux. A cinq heures du soir, un homme d'un maintien décent et d'une physionomie agréable se présenta au capitaine Gore d'une manière aisée et polie, et nous en conclûmes qu'il avait vécu ailleurs que dans cette île. Il apportait encore le billet, écrit en français, que j'ai transcrit plus haut, et il nous apprit qu'il était le mandarin indiqué dans ce papier. Il dit quelques mots portugais ; mais, personne de nos équipages ne sachant cette langue, nous fûmes obligés d'avoir recours à un noir qui se trouvait sur notre bord et qui parlait le malais, langue générale de ces insulaires.

Après quelques questions de notre part, il nous déclara qu'il était chrétien et qu'il avait été baptisé sous le nom de Luc ; qu'on l'avait fait partir, au mois d'août, de *Saïgon*, capitale de la *Cochinchine,* et que, depuis cette époque, il attendait, à Pulo Condore, des vaisseaux français qu'il devait conduire dans un bon port de la Cochinchine, éloigné d'un jour de navigation. Nous l'avertîmes que nous n'étions pas Français , mais Anglais, et nous lui demandâmes s'il ne savait pas que les deux nations étaient en guerre. Il répondit qu'oui, et il nous fit entendre que l'objet de sa mission était de servir de pilote aux vaisseaux qui voudraient commercer avec le peuple de la Cochinchine, de quelque pays qu'ils fussent. Il nous montra alors un autre papier, qu'il nous pria de lire : c'était une lettre cachetée et dont voici la suscription : *Aux capitaines de tous les vaisseaux européens qui relâcheront à Condore.* Nous craignîmes d'abord qu'elle ne fût destinée aux vaisseaux français en particulier. Mais comme elle paraissait adressée à tous les capitaines européens, et que Luc nous exhortait à la lire, nous rompîmes le cachet et nous la trouvâmes écrite par l'évêque qui avait signé le certificat. Elle était conçue à peu près en ces termes :
« Des nouvelles récentes d'Europe nous donnent lieu
» d'espérer qu'un vaisseau arrivera bientôt à la Cochin-
» chine ; nous avons déterminé la cour à envoyer à
» Pulo Condore le mandarin porteur de cette lettre

» pour y attendre l'arrivée du bâtiment. Si ce vaisseau
» y relâche en effet, le capitaine peut nous instruire
» de son arrivée par le porteur, ou se fier au mandarin
» qui le conduira dans un port de la Cochinchine, bien
» abrité et éloigné de Condore d'un seul jour de navi-
» gation. S'il veut demeurer à Condore jusqu'au retour
» de l'exprès, on lui enverra des interprètes et tous les
» secours qu'il aura demandés. Le capitaine doit sentir
» qu'il serait inutile d'entrer dans de plus grands
» détails. » Elle avait la même date que le certificat,
et nous la rendîmes à Luc sans en prendre de copie.

Cette lettre et la conversation du mandarin nous
firent penser que Luc attendait un vaisseau français ;
nous vîmes en même temps qu'il serait bien aise de ne
pas perdre le fruit de sa mission et qu'il ne se refuserait
pas à nous servir de pilote. Nous ne pûmes découvrir
le but et les vues des vaisseaux qu'il attendait pour la
Cochinchine : il est vrai que le nègre qui nous servait
d'interprète n'avait aucune intelligence, et, d'après des
données si peu sûres, je craindrais de tromper le lec-
teur si je lui exposais mes conjectures sur l'objet du
séjour de Luc dans cette île. Au reste, il ajouta que
les vaisseaux français pouvaient avoir mouillé à *Tir-
non* et fait voile de là pour la Cochinchine : n'en ayant
point eu de nouvelles, il était à peu près persuadé de la
justesse de la conjecture.

Le capitaine Gore s'informa ensuite des provisions

que l'île pouvait nous fournir. Luc dit qu'il avait deux buffles et qu'ils étaient à notre service ; que nous trouverions une multitude de ces quadrupèdes, et qu'on nous les vendrait quatre ou cinq piastres chacun ; mais, s'apercevant que M. Gore jugeait très modique une pareille somme et qu'il les paierait volontiers plus cher, il finit par nous observer qu'on ne nous les céderait peut-être pas à moins de sept ou huit piastres.

Les bateaux plats des deux vaisseaux furent envoyés à la bourgade, le 23 dès le grand matin : ils devaient ramener à bord les buffles que nous avions donné ordre d'acheter ; mais ils furent obligés d'attendre la mer haute, seule époque de la journée où ils pussent traverser l'ouverture qui est à l'entrée du havre. Quand le détachement fut près de la bourgade, il trouva le ressac si fort sur la grève, que chacune des embarcations eut une peine extrême à ramener le soir un buffle : les officiers chargés de ce service dirent, à leur retour, que, vu la violence du ressac et la fureur des buffles, il eût été dangereux de vouloir en embarquer un plus grand nombre de cette manière. Nous en avions acheté huit, et nous ne savions alors comment les amener aux vaisseaux. Nous ne pouvions en tuer que ce qu'il en fallait pour notre consommation journalière, car, dans ce climat, la viande ne se garde pas jusqu'au lendemain. Après avoir délibéré avec Luc sur ce point, nous décidâmes que les six autres seraient amenés, à travers les bois et la colline, jusqu'à la baie où nous avions débarqué la veille, le capitaine Gore et moi, et où le ressac est moins impétueux parce qu'elle est à l'abri du vent. Ce plan fut exécuté ; mais les buffles étaient si intraitables et d'une force si prodigieuse, que leur voyage et leur embarquement furent très longs et très difficiles. Pour les mener, on passa des cordes dans le trou de la narine et autour de leurs cornes ; mais, l'aspect de nos gens les ayant irrités de nouveau, ils devinrent si terribles qu'ils renversèrent les arbres auxquels nous fûmes obligés souvent de les attacher. D'autres fois ils déchirèrent le cartilage de leurs narines et ils s'échappèrent. Nos matelots auraient essayé vainement de les rattraper sans le secours de quelques petits garçons qui vinrent à bout d'approcher de ces animaux et ils vinrent à bout de les renverser par terre : nous pûmes alors les traîner dans les canots. On a lieu de s'étonner de la douceur et même de l'affection que montrent les buffles devant de petits enfants ; mais, ce qui n'est pas moins singulier, ils n'eurent pas été vingt-quatre heures à bord, qu'ils devinrent très apprivoisés. Je gardai longtemps un mâle et une femelle, et ils jouaient avec les matelots : croyant qu'une race si forte et si grosse, et dont quelques individus pesaient sept quintaux, serait une acquisition précieuse, je voulais les conduire en Angleterre ; mais une blessure incurable que reçut l'un de ces buffles vint s'opposer à mes vues.

L'embarquement des buffles ne fut terminé que le 28 ; au reste, nous n'eûmes pas lieu de regretter le temps qu'employa ce service, car on avait découvert, dans l'intervalle, deux puits d'une excellente eau douce, et des détachements avaient rempli quelques futailles et fait du bois : de cette manière, notre séjour dans le détroit de la Sonde, où nous voulions embarquer un supplément de ces deux articles, allait se trouver abrégé. Une division des matelots s'occupa aussi de la pêche à l'entrée du havre, et elle y prit une grande quantité de bons poissons ; une seconde division coupait des choux palmistes qu'on faisait cuire et qu'on servait avec la viande. Nous n'avions pu obtenir que très peu de cordages à *Macao*, et il fallait travailler constamment à la réparation de nos agrès.

Pulo Condore est élevée et montueuse et environnée de plusieurs îles plus petites, dont quelques-unes se trouvent à moins d'un mille et d'autres à deux milles de distance. Son nom vient de deux mots malais : *pulo*, qui signifie une île, et *condore* une calebasse, production très abondante sur cette terre. Elle a la forme d'un croissant, qui se prolonge à environ huit milles au nord-est, de la pointe la plus méridionale ; mais sa largeur n'est nulle part de plus de deux milles. Depuis l'extrémité la plus occidentale, elle tourne au sud-est, l'espace d'environ quatre milles, et, en face de cette partie de la côte, il y a une île qu'on appelle la *Petite*

Condore : la longueur de celle-ci est de deux milles, dans la même direction. Cette position des deux îles offre un havre sûr et commode, dont l'entrée est au nord-ouest. L'intervalle entre les deux côtés opposés est de trois quarts de mille, non compris une bordure de rochers de corail qui se prolonge de chaque côté à environ cent verges de la grève. Le mouillage est très bon de cinq à onze brasses; mais le fond est si mou et si argileux, que nous eûmes beaucoup de peine à relever nos ancres. Il y a, au fond du havre, des eaux basses, sur une étendue d'environ un demi-mille ; par delà, les deux îles se rapprochent tellement qu'on ne peut y passer qu'en canot et à la mer haute. L'aiguade la plus facile se trouve sur une portion de la grève, au côté oriental, où l'on voit un petit ruisseau qui nous fournissait quatorze ou quinze barriques par jour.

La richesse de cette île, relativement aux productions animales et végétales, s'est fort accrue. Il y a maintenant des buffles, et nous jugeâmes même, sur ce qu'on nous dit, qu'il y en a des troupeaux nombreux. Nous achetâmes, des naturels du pays, des cochons très gras, de race chinoise. Les naturels nous en apportèrent trois ou quatre qui ne vivaient pas dans un état de domesticité, et nos chasseurs nous apprirent qu'ils avaient souvent vu, dans les bois, les traces de ces animaux : les forêts sont d'ailleurs remplies de singes et d'écureuils d'un joli noir lustré, et une seconde espèce offrait des rayures brunes et blanches : on donne à celle-ci le nom d'écureuil volant, parce qu'elle est pourvue d'une membrane fine, qui ressemble à l'aile d'une chauve-souris, qui se prolonge du col aux cuisses, de chaque côté du ventre, et qui, s'étendant sur les jambes, se déploie et permet à ces animaux de voler loin, d'un arbre à l'autre. Quant aux productions végétales, j'ai déjà indiqué les champs de ris que nous traversâmes ; nous y trouvâmes, d'ailleurs, des bananes, différentes espèces de courges, des noix de coco, des oranges, des shaddecks et des grenades ; mais, excepté les bananes et les shaddecks, les fruits n'étaient pas abondants.

D'après ce que j'ai déjà dit de l'évêque d'Adran, il est vraisemblable que les Français ont introduit ces cultures dans l'île, afin que leurs vaisseaux destinés pour *Cambaye* ou la Cochinchine y embarquassent des rafraîchissements. S'ils ont eu autrefois, ou s'ils ont aujourd'hui le projet de faire des établissements sur ces parages, *Pulo Condore* est, à coup sûr, bien propre à cet objet, et même c'est d'où ils pourront nuire davantage à leurs ennemis, en temps de guerre.

Nos chasseurs tuèrent fort peu de gibier au vol, quoiqu'il y en eût beaucoup dans les bois : un de nos officiers rapporta cependant une poule sauvage, et ceux qui chassèrent dirent, à leur retour, qu'ils avaient entendu de toutes parts des cris de coq ordinaire, mais ils les avaient trouvés un peu plus grêles. Ils avaient aperçu plusieurs de ces coqs en l'air, mais ils leur parurent extrêmement sauvages : la poule dont je viens de parler était tachetée et de la même forme, mais un peu moins grosse qu'un poulet parvenu à toute sa croissance.

Les habitants sont des réfugiés de *Cambaye* et de la Cochinchine, et ils forment une population peu considérable. Leur taille est petite; leur teint fort basané, et ils paraissent faibles et d'une santé malsaine ; mais, autant que nous avons pu en juger, leur caractère a de la douceur.

Notre relâche se prolongea jusqu'au 28 janvier ; et le mandarin nous demanda, lors de notre départ, une lettre de recommandation pour les capitaines des vaisseaux qui mouilleraient ici : le capitaine Gore la lui donna, avec un présent assez considérable. Il lui donna aussi une lettre et une lunette pour l'évêque d'Adran : il le pria d'offrir à l'évêque cette lunette comme un témoignage de notre reconnaissance.

Nous démarrâmes le 28 janvier, et, dès que nous fûmes hors du havre, nous mîmes le cap au sud-ouest pour gagner *Pulo Timoan*, que nous découvrîmes le 31 janvier, à une heure après midi. Nous continuâmes notre route, et le 8 février nous étions dans le détroit de la Sonde. Nous aperçûmes deux vaisseaux à quatre heures : l'un mouillait près de l'île des *Deux-Sœurs*, et l'autre plus près de la côte de *Java*. Ne sachant à quelle nation appartenaient ces bâtiments, nous nous préparâmes au combat ; nous n'étions pas à plus de deux milles des vaisseaux, qu'ils arborèrent pavillon hollandais, et le capitaine Gore y envoya un canot. La pluie tombait avec violence, ainsi que le tonnerre et les éclairs.

Le canot nous rapporta que le plus gros de ces bâtiments était un navire de la Compagnie hollandaise, qui allait en Europe, et le second un paquebot arrivé de *Batavia* avec des ordres pour les différents navires qui mouillaient au détroit. Dès que le chargement des navires hollandais est à peu près achevé, ils quittent Batavia, à cause de l'extrême insalubrité de l'air, et ils se rendent à quelques-unes des îles plus saines du détroit, où ils attendent le reste de leurs cargaisons et leurs dépêches.

Malgré ces précautions, le gros navire avait perdu quatre hommes depuis son départ de Batavia, et il en avait sur les cadres quatre autres dont on désespérait. Il était ici à l'ancre depuis quinze jours ; il venait de recevoir ses derniers ordres, et il allait appareiller pour faire de l'eau à *Cracatoa*.

Nous mîmes à la voile le 9 février, à sept heures du matin, et nous continuâmes notre route dans le détroit. Nous avions le cap au sud-ouest, et nous nous tenions assez près des îles de la côte de Sumatra, afin d'éviter, sur notre gauche, un rocher qui se trouve à peu de distance. A dix heures et demie, le capitaine Gore m'ordonna de porter sur un vaisseau hollandais, qui, se montrant au sud, nous parut venir d'Europe, et, selon les nouvelles qu'il m'apprendrait, ou de joindre à *Cracatoa* la *Résolution* qui voulait y embarquer du rack pour les vaisseaux, ou de gagner l'extrémité sud-est de l'île du Prince, d'y faire de l'eau et de l'y attendre.

J'arrivai, en effet, sur le vaisseau hollandais, qui, bientôt après, jeta l'ancre à l'est : comme le vent mollit et que le courant porta toujours au sud-ouest, à travers le détroit, il me fut impossible d'atteindre ce bâtiment, et je mouillai, lorsque j'en fus aussi près que la marée put le permettre. Je détachai tout de suite M. Williamson à qui je recommandai d'aborder le navire, s'il ne se rencontrait point des obstacles insurmontables ; mais le bâtiment hollandais se trouvait à environ un mille au large, et, la marée survenant de la même partie avec beaucoup de rapidité, nous ne tardâmes pas à voir notre canot dériver de l'arrière très promptement. Nous lui fîmes le signal de revenir ; nous filâmes le câble au même instant, et nous portâmes une bouée de son côté, afin de l'aider à regagner la *Découverte*. Nous sentîmes bien alors la disette des cordages, car il n'en restait pas dans la soute un seul auquel on pût attacher la bouée ; nous fûmes obligés d'y employer les drisses de la voile d'étai et des humiers, ainsi que les manœuvres des palans : le canot, sur ces entrefaites, était entraîné au sud, avec une si grande vitesse qu'il ne put saisir la bouée qu'après que nous eûmes filé deux câbles et presque toutes nos manœuvres courantes.

Je fus alors obligé d'attendre que la marée eût perdu de sa force, c'est-à-dire jusqu'au lendemain au matin. A cette époque, M. Williamson se rendit à bord du vaisseau hollandais. Il me rapporta que ce bâtiment avait été sept mois en mer depuis son départ d'Europe, et trois depuis son départ du cap de Bonne-Espérance ; qu'au moment où il mit à la voile, la France et l'Espagne avaient déclaré la guerre à la Grande-Bretagne ; qu'il avait laissé au Cap sir Edward Hughes avec une escadre et des navires de notre Compagnie. M. Williamson ayant appris, d'ailleurs, que l'eau de Cracatoa est très bonne et que les bâtiments hollandais la préfèrent toujours à celle de l'île du Prince, je me décidai à rejoindre le capitaine Gore sur la première de ces terres. Une jolie brise s'étant élevée, nous appareillâmes, et nous portâmes vers Cracatoa, où, bientôt après, nous vîmes la *Résolution* à l'ancre ; mais comme le vent s'éteignit, et que la marée venait avec force contre nous, je fus obligé de mouiller à environ sept milles de la *Résolution*. J'envoyai tout de suite un canot à M. Gore, afin de l'instruire de ce qu'avait dit le capitaine hollandais.

Dès que la *Résolution* s'aperçut que nous nous disposions à mouiller, elle tira des coups de canon et elle arbora le pavillon de signal pour marcher en avant. Elle nous fit ce signal parce que les cartes qu'elle avait à bord indiquaient un fond de mauvaise tenue à l'endroit où nous étions. Mais, y ayant trouvé un fond de vase et de bonne tenue sur soixante brasses, nous demeurâmes à l'ancre jusqu'au retour du canot, qui m'apporta un ordre de me rendre à l'île du Prince le lendemain au matin. Nous étions alors à deux milles de la côte : le pic de *Cracatoa* nous restait au nord-est, la pointe de *Bantam* à l'est, et l'île du *Prince* au sud.

L'île de Cracatoa est la plus méridionale du groupe situé à l'entrée du détroit de la Sonde. Nous la quittâmes le lendemain, à sept heures du matin.

Le vent souffla grand frais de la partie de l'ouest ; à huit heures du soir, nous eûmes des coups de tonnerre violents, des éclairs et de la pluie. Nous appareillâmes le lendemain, à trois heures du matin, et nous portâmes vers l'île du *Prince* ; mais le vent de l'ouest, qui s'éteignit, fut remplacé par une brise du sud-est, et, comme une forte marée avait en même temps sa direction du sud-ouest, nous ne pûmes atteindre cette terre ; nous fûmes obligés, à deux heures de l'après-midi, de mouiller sur 65 brasses, fond de vase, à trois lieues de distance : la haute colline nous restait au sud-ouest, et le pic de Cracatoa au nord-est. Nous eûmes de légers souffles de vent et des calmes, jusqu'à six heures du matin le jour suivant ; nous appareillâmes alors, et, en relevant l'ancre, notre vieille marguerite se rompit deux fois, et il fallut en établir une nouvelle, que notre meilleure haussière ne put supporter. Le vent continua à être défavorable, et nous fûmes obligés de mouiller de nouveau en travers de l'île du Prince.

Dès que nous fûmes à l'ancre, le lieutenant Lannyon, qui avait relâché ici en 1770, à la suite du capitaine Cook, fut envoyé, avec le *master,* à la recherche de l'aiguade. Le ruisseau, où il crut se rappeler que l'*Endeavour* remplit ses futailles, n'offrait plus que de l'eau salée. Il aperçut plus avant, dans le pays, une espèce de mare à sec, qui semblait avoir été remplie durant la saison pluvieuse, et, environ une encablure au-dessous, un second ruisseau, alimenté par un lac, dont le fond ainsi que la surface étaient couverts de feuilles mortes. Quoique l'eau y fût un peu saumâtre, elle était bien préférable à celle du premier; nous y conduisîmes les barriques le lendemain dès le grand matin, et on les ramena le même jour.

Les naturels arrivèrent aux vaisseaux peu de temps après que nous eûmes jeté l'ancre; ils nous apportèrent une quantité considérable de grosses volailles et quelques tortues, mais la plupart de leurs tortues étaient petites. Il plut beaucoup dans la nuit, et, le 14, au point du jour, nous découvrîmes la *Résolution* au nord; elle mouilla à côté de nous à deux heures de l'après-midi. Nous mîmes la *Découverte* à la bande; nous grattâmes la cale, qui était très malpropre, et nous nous occupâmes d'autres travaux devenus nécessaires.

Le capitaine Gore, qui n'avait pas rempli toutes ses futailles à Cracatoa, envoya un détachement à terre ; ses gens trouvèrent, dans le premier ruisseau dont j'ai parlé, une eau que la pluie avait rendue parfaitement douce et qui était très abondante. Je donnai ordre alors de jeter l'eau que nous avions faite ici et de la remplacer par une eau meilleure. Ce travail fut achevé avant midi du lendemain ; nous débarrassâmes les ponts le soir, et les deux vaisseaux se disposèrent à l'appareillage.

Le 18 au matin, nous eûmes une grande pluie et des vents variables qui nous retinrent à l'ancre jusqu'à deux heures après midi. Il s'éleva, à cette époque, un vent léger du nord, avec lequel nous mîmes à la voile ; mais il nous abandonna bientôt, et, à huit heures du soir, il fallut jeter l'ancre de nouveau. Il survint une brise du nord-ouest le lendemain à huit heures, et ce fut pour nous un plaisir inexprimable de sortir du détroit de la Sonde ; nous ne tardâmes pas à perdre de vue l'île du Prince.

M. Cook a décrit cette ile dans la relation de son Premier Voyage ; j'ajouterai seulement que la figure, le teint, les manières et même la langue des naturels du pays ressemblent, en général, à la figure, au teint, aux manières et à l'idiome des peuplades de la mer du Sud, avec lesquelles nous avions eu tant de rapports, et cette analogie me frappa beaucoup. Le funeste climat de *Java* ayant très affaibli ma santé, je ne pus suivre les détails de cette ressemblance autant que je l'aurais voulu.

L'île est tellement boisée, que, malgré les coupes que font chaque année les vaisseaux qui relâchent ici, on n'aperçoit aucune diminution dans les forêts. Nous y embarquâmes une assez grande quantité de petites tortues et de volailles d'une grosseur médiocre; on nous donna dix de ces volailles pour une piastre espagnole. Les naturels nous apportèrent aussi plusieurs daims et une multitude prodigieuse de singes qui nous gênèrent infiniment par la suite, car la plupart de nos matelots achetèrent au moins un de ces animaux incommodes.

Comme nous aurions eu de la peine à découvrir l'aiguade si M. Lannyon n'avait pas été du voyage, il est à propos de l'indiquer aux navigateurs. La colline à pic est au nord-ouest de l'aiguade; on voit, au nord, un arbre remarquable qui croît sur un récif de corail et qui est entièrement détaché des arbres et des arbrisseaux voisins, et il y a, tout près du ruisseau, un petit espace couvert d'herbes de la nature du jonc, le seul de ce genre qu'on puisse voir aux environs. Ces indices annoncent l'endroit où le lac débouche dans la mer; mais, en général, l'eau y est salée, ainsi que dans l'étang.

Du moment où nous entrâmes dans le détroit de

Banca, nous commençâmes à éprouver les terribles effets de ce climat empesté. Deux de nos gens eurent des fièvres putrides et malignes; nous prévînmes la contagion en séparant ces malades et en les mettant dans les postes les plus aérés. La plupart des individus des deux équipages eurent de très gros rhumes, d'autres eurent de violents maux de tête, et ceux d'entre nous qui se portaient le mieux éprouvaient une chaleur suffocante, accompagnée d'une langueur extrême et d'un défaut total d'appétit. Notre position fut fâcheuse et inquiétante assez longtemps, mais nous eûmes enfin le bonheur de sortir de ces funestes parages sans perdre un seul homme. Il est probable qu'on doit attribuer cet heureux effet, d'abord, à la santé vigoureuse qu'avaient nos gens lorsque nous arrivâmes ici, et ensuite à l'exactitude, enfin devenue habituelle parmi eux, avec laquelle ils obéissaient aux règlements salutaires établis par M. Cook.

A l'époque de notre départ de l'île du Prince, et durant notre traversée de cette terre au cap de Bonne-Espérance, la *Résolution* eut plus de malades que la *Découverte*. La plupart d'entre nous se plaignirent quelque temps des effets du climat de Java, mais nous guérîmes tous. Deux de nos matelots étaient partis avec la fièvre, et l'un d'eux, qui avait eu, le 12 février, de violentes convulsions qui nous firent désespérer de sa vie, fut soulagé par les vésicatoires, et bientôt après il se trouva hors de danger. L'autre guérit aussi, mais plus lentement. Outre les rhumes opiniâtres et les fièvres qui, en général, régnèrent à bord de la *Résolution*, il y eut sur ce vaisseau une multitude de dyssenteries, dont le nombre augmenta encore, contre notre attente, jusqu'à notre arrivée au Cap.

Jusqu'ici le capitaine Gore avait eu le projet de se rendre à Sainte-Hélène sans s'arrêter au Cap; mais, le gouvernail de son vaisseau, qui paraissait en mauvais état depuis quelque temps, ayant été examiné, et les charpentiers ayant dit qu'il y aurait du danger à s'en servir davantage, notre commandant décida qu'il relâcherait au Cap; il renonça d'autant plus volontiers à sa première résolution que le Cap devait être plus favorable à nos malades, et qu'il aurait peut-être eu de la peine à trouver à Sainte-Hélène une nouvelle mèche pour son gouvernail.

Le 6, au matin, nous découvrîmes, au sud-ouest, un vaisseau qui marchait vers nous, et, comme le vent s'éleva bientôt après du même point du compas, nous nous préparâmes au combat. Du haut des mâts nous en aperçûmes bientôt cinq autres qui étaient sous le vent et qui cinglaient à l'est; mais le ciel se couvrit bientôt de brume, et nous les perdîmes de vue dans l'espace d'une heure.

Le ciel fut rafaleux le 8; nous passâmes assez près du vaisseau que nous avions aperçu le 6, mais il ne nous héla point. Il était d'une forme lourde, et il nous parut qu'on le manœuvrait mal ; il marchait cependant beaucoup plus vite que nous. Il portait un pavillon différent de tous ceux que nous avions vus. Quelques personnes supposèrent que c'était le pavillon portugais, et d'autres le pavillon impérial.

La terre se montra de nouveau au nord-ouest, le lendemain, à la pointe du jour, et nous aperçûmes, dans le cours de la matinée, un senaut qui arrivait sur nous. C'était un paquebot de notre Compagnie des Indes, qui était parti de Table-bay trois jours auparavant, et qui croisait avec des ordres pour la flotte de la Chine et nos autres vaisseaux de l'Inde. Nous apprîmes que, trois semaines auparavant, l'escadre de M. de Tronjolly, composée de six vaisseaux, avait quitté le Cap et était allée attendre notre flotte de l'Inde à la hauteur de *Sainte-Hélène*. Cette nouvelle nous donna lieu de conjecturer que les cinq vaisseaux que nous avions vus porter à l'est pouvaient être l'escadre française qui avait quitté sa croisière et qui retournait à l'île de France. Nous fîmes part de ces conjectures au capitaine du paquebot ; nous le quittâmes et nous cinglâmes vers le cap de Bonne-Espérance, après l'avoir instruit, d'ailleurs, de l'époque où nous croyions que les vaisseaux de la Chine partiraient de Canton.

J'accompagnai le capitaine Gore à la ville du Cap, et le lendemain nous fîmes une visite au baron de Plettenberg, gouverneur de la colonie, qui nous reçut avec toutes les politesses et les attentions possibles ; il aimait M. Cook, pour lequel il avait d'ailleurs la plus haute admiration, et, après avoir écouté le récit de la mort de notre commandant, il nous montra la douleur la plus vive et la plus sincère. Il nous fit voir, dans une des principales pièces de son hôtel, deux portraits de Van Trump et de Ruyter, et, entre les deux, un intervalle dans lequel il nous dit qu'il voulait placer celui de M. Cook ; il nous pria de lui en acheter un, à quelque prix que ce fût, lorsque nous serions en Angleterre.

... Nous embarquâmes les vivres et les munitions dont nous avions besoin, et nous appareillâmes le 9 mai.

Nous reconnûmes la côte occidentale d'Irlande le 12 août, et, après avoir essayé vainement de gagner le port Galway, d'où le capitaine Gore voulait envoyer à Londres les journaux et les cartes de notre voyage, des vents du sud nous obligèrent de gouverner au nord.

Les vaisseaux jetèrent l'ancre à Stromness le 22 août, à onze heures du matin. M. Gore m'ordonna de partir sur-le-champ et de me rendre au bureau de l'Amirauté : nos deux vaisseaux arrivèrent à *Lenore* le 4 octobre 1780, après une absence de quatre ans deux mois et vingt-deux jours.

FIN

DU TROISIÈME VOYAGE DU CAPITAINE COOK.

TABLE DES MATIÈRES

FIN DE LA TABLE DES MATIÈRES.

Poitiers, Impr. génér. de l'Ouest. — Paris, 103, rue Montmartre. — 163 B.